Theo Schwartz
lebt als Autor, Redakteur und Übersetzer in der Nähe von
München. Nach seinem Studium arbeitete er für verschiedene Kinder- und Jugendbuchverlage und schrieb für Schneiderbuch die Buchserien „Bibi Blocksberg" und „Bibi und
Tina".

Theo Schwartz

Turniergeschichten
mit Bibi und Tina

1. Auflage
© 2015 KIDDINX Studios GmbH, Berlin
Redaktion: Jutta Dahn
Lizenz durch KIDDINX Media GmbH,
Lahnstraße 21, 12055 Berlin
Alle Rechte vorbehalten

© 2015 für die Buchausgabe by Schneiderbuch
verlegt durch EGMONT Verlagsgesellschaften mbH,
Gertrudenstraße 30–36, 50667 Köln
Alle Rechte vorbehalten
Dieser Band enthält die leicht überarbeiteten Einzelbände:
Das Heiderennen (Band 5, 2009/1992)
Das Herbstturnier (Band 15, 2009/1996)
Das große Teamspringen (Band 40, 2010)
Titelbild: KIDDINX Studios GmbH, Berlin
Titelgestaltung: a1grafik Ariane Benhidjeb, Berlin
Illustrationen: Corporacion Tavena 2000 S. L., Barcelona
(Bände 5 und 15), und Jutta Langer S. L., Castelldefels (Band 40)
Satz: Greiner & Reichel, Köln
Printed in the EU (675292)
ISBN 978-3-505-13660-3

Die EGMONT Verlagsgesellschaften gehören als Teil der EGMONT-Gruppe zur
EGMONT Foundation – einer gemeinnützigen Stiftung, deren Ziel es ist, die
sozialen, kulturellen und gesundheitlichen Lebensumstände von Kindern und
Jugendlichen zu verbessern. Weitere ausführliche Informationen zur EGMONT
Foundation unter:
www.egmont.com

Inhalt

Wie alles anfing …	15
Das Heiderennen	19
Das Herbstturnier	107
Das große Teamspringen	203

Bibi Blocksberg:
die kleine Hexe aus Neustadt und
ihre Schimmelstute Sabrina

Tina Martin:
Bibis beste Freundin und ihr
Hengst Amadeus

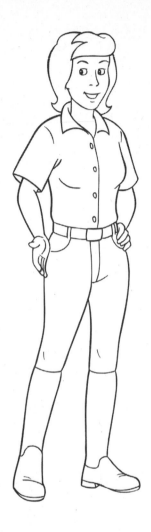

Susanne Martin:
Tinas Mutter, die Pächterin des Martinshofs

Holger Martin:
Tinas älterer Bruder

Alexander von Falkenstein:
Tinas Freund und sein Rappe Maharadscha

Graf Falko von Falkenstein:
Alex' strenger Vater

Freddy:
auch „Sheriff" genannt, liebt sein Motorrad

Wie alles anfing ...

Eine knappe Reitstunde von dem Dörfchen Falkenstein entfernt liegt der Martinshof. Frau Martin, die hier mit ihren Kindern Holger und Tina lebt, hat den Hof von dem Grafen Falko von Falkenstein gepachtet. Das Schloss des Grafen liegt zwischen hohen Tannen versteckt, vom Martinshof aus kann man seine Türme sehen.

Der Martinshof ist ein Reiterhof. Hier gibt der schon erwachsene Holger Stadtkindern Reitunterricht und kümmert sich um alle anfallenden Arbeiten. Er ist der „Mann fürs Grobe", während seine Schwester Tina ihrer Mutter vor allem im Haushalt hilft und sich um die Pferde kümmert. Tina ist vierzehn Jahre alt und hat eine gute Freundin: Bibi Blocksberg, die kleine Hexe aus Neustadt.

Das Dorf Falkenstein ist von Neustadt aus mit dem Bummelzug zu erreichen, aber Bibi kommt lieber auf ihrem Hexenbesen Kartoffelbrei angereist. Eine Hexe hat schließlich auch ihren Stolz!

Jeden freien Tag, jede freie Woche verbringt Bibi auf dem Martinshof, und in den Ferien darf sie mit Erlaubnis ihrer Eltern auch schon mal länger bleiben. Barbara Blocksberg, die große Hexe, ist häufig auf Hexenkongressen zu Gast. Bernhard Blocksberg ist dann „Strohwitwer" und macht es sich mit einem Krimi in seinem Lieblingssessel gemütlich. Bibis Eltern wissen, dass ihre pferdebegeisterte Tochter auf dem Martinshof gut aufgehoben ist. Für Bibi ist der Hof eine zweite Heimat geworden, und jedes Mal vergießt sie beim Abschied bittere Tränen.

„Aber", so tröstet Frau Martin sie immer, „wer nicht geht, kommt nicht wieder. Bis zum nächsten Mal, Bibi!"

Leider vergeht für Bibi die Zeit daheim viel zu langsam, aber auch eine kleine Hexe muss zur Schule gehen, und das Jahr besteht nun mal nicht nur aus Ferien. Doch irgendwann ist es endlich wieder einmal so weit. Hei! Die Schultasche fliegt in die Ecke, Bibi packt eilig zusammen, was sie für den Aufenthalt auf dem Martinshof braucht, verkleinert ihr Gepäck kurzerhand mit einem Hexspruch und steigt dann auf Kartoffelbrei.

„Eene meene Faschingsschwof, düse ab zum Martinshof! Hex-hex!", befiehlt sie ihrem Besen, und ab geht die Post!

Ist das eine Freude, wenn die beiden Mädchen sich wiedersehen! Ihr erster Weg führt Bibi in den Pferdestall zur Box ihrer Lieblingsstute Sabrina. Im Nu hat sie Sabrina gesattelt, Tina macht den Hengst Amadeus zum Ausritt bereit, und dann ist ein Wettreiten angesagt. *Ein* Wettreiten? Nein, bei einem belassen es die Mädchen nicht, mindestens dreimal am Tag galoppieren sie über Wiesen und Wege und schmettern dabei ihr Lied.

17

Sie haben es selbst komponiert und getextet und sind darauf mit Recht sehr stolz:

Hufe klappern, Pferde traben,
springen übern Wassergraben,
über Stock und über Stein,
wer kann das wohl sein?
Das sind Bibi und Tina
auf Amadeus und Sabrina!
Sie jagen im Wind,
sie reiten geschwind,
weil sie Freunde sind!
Weil sie Freunde sind!
Und ist der Graben mal zu breit,
für Bibi ist das keine Schwierigkeit!
Aufgesessen, lang die Zügel,
sattelfest den Fuß im Bügel,
über Felder, über Weiden,
jeder kennt die beiden!

Bibi & Tina
Das Heiderennen

nach Ulf Tiehm

Freddy macht Ärger

Bibi Blocksberg, die kleine Hexe aus Neustadt, war jetzt schon über eine Woche auf dem Martinshof bei ihrer besten Freundin Tina zu Besuch. Eigentlich hätte es ja erst in den Sommerferien so weit sein sollen, aber gleich am ersten Tag der Osterferien hatte Bibi von Tina Martin ein Telegramm erhalten:

*Liebe Bibi,
ich weiß es schon lange, wollte es Dir aber nicht verraten, um Dich zu überraschen: Sabrina bekommt ein Fohlen. In den nächsten Tagen muss es so weit sein. Kannst Du kommen?
Deine Tina*

Natürlich konnte Bibi. Ja, sie musste sogar! Wenn ihre geliebte Sabrina, die weiße Stute, Nachwuchs erwartete, konnte die kleine Hexe doch nicht daheim in Neustadt untätig herumhocken!

Bibi hatte in Windeseile ihren grünen Hexenrucksack gepackt, war auf ihren Hexenbesen Kartoffelbrei gestiegen und zum Martinshof geflogen. Dort wurde sie von Frau Martin und ihren Kindern Tina und Holger mit großem Hallo begrüßt! Die beiden Mädchen hatten sich natürlich furchtbar viel zu erzählen, es war ja auch schon lange her seit ihrer letzten Begegnung. Zum ersten Mal hatte Bibi nämlich Ferien auf einem Reiterhof machen dürfen, und die Wahl ihrer Eltern war auf den Martinshof gefallen. Bibi war ihrer Mutter Barbara und ihrem Vater Bernhard heute noch dankbar für diese herrlichen Sommerferien. Das Stadtkind Bibi war seitdem ganz vernarrt in das Landleben auf dem Hof der Martins mit den vielen Pferden und Ponys und all den Tieren, die zu einem Bauernhof gehörten.

21

Jetzt also verbrachte Bibi ihre zweiten Ferien bei den Martins. Gleich in der Nacht nach ihrer Ankunft kam Sabrinas „Kind" zur Welt. Bibi war „Mutter" geworden und hatte dem Kleinen sogar seinen Namen geben dürfen: „Felix". So hieß das schwarze Fohlen von nun an.

Bibi verlebte herrliche Tage auf dem Martinshof, und es wurde den beiden Freundinnen nie langweilig.

Aufregende Dinge passierten … Bibi und Tina retteten ein Zirkuspony vor dem Schlachter, Papi Blocksberg lernte während eines Kurzurlaubs bei den Martins das Reiten, Bibi kam einem Umweltsünder auf die Spur und erteilte ihm eine gehörige Lektion … und … und … Halt! Nicht zu vergessen der Angeber Freddy, genannt der „Sheriff", der ständig mit seinem stinkenden Motorrad die Gegend unsicher machte und den armen kleinen Felix über die Wiesen gehetzt hatte.

Na, da war er aber bei Bibi Blocksberg an die Richtige geraten. Sie hatte ihm eine tüchtige Lektion verpasst!

22

Am heutigen Morgen ahnte Bibi noch nicht, dass sie mit dem Möchtegern-Cowboy wieder aneinandergeraten würde. Sie saß mit den Martins gerade am Frühstückstisch in der geräumigen, gemütlichen Wohnküche, da klingelte das Telefon. Frau Martin hob ab, plauderte eine Weile und gab dann den Hörer an Bibi weiter.

„Morgen, mein Schatz!", hörte sie.

„Morgen, Mami!", rief Bibi fröhlich. „Na, hat Papi seinen Reitunterricht gut überstanden? Tut der Popo nicht mehr weh?"

„Ja, er kann schon wieder normal sitzen." Barbara Blocksberg unterdrückte ein Kichern. „Aber, hör zu, Bibi, weshalb ich anrufe: Ich brauche von dir ganz viele weiße Heidekrautblüten!"

Bibi runzelte die Stirn. „Weißes Heidekraut? Das habe ich noch nie gesehen. Rotes Heidekraut – ja. Aber weißes, und das jetzt, mitten im Frühling?"

„Doch, das gibt es", gab Barbara zurück. „Man nennt es auch ,Schneeheide'. Irgendwo

23

bei euch in der Gegend wird doch bestimmt Heidekraut wachsen. Frag mal Tina, die kennt sich sicher aus."

„Wozu brauchst du denn diese Schneeheide?"

„Ich muss für Papi einen neuen Hexentee brauen. Zur Beruhigung." Bibis Mutter lachte kurz. „Er regt sich in den letzten Tagen wieder so auf, weil der Stadtrat nun doch beschlossen hat, die neue Umgehungsstraße nicht zu bauen."

Jetzt lachte Bibi. Seit Jahren war die Umgehungsstraße, die Neustadt von dem Durchgangsverkehr befreien sollte, ein Streitpunkt zwischen Bürgermeister und Stadtrat, und Bernhard Blocksberg war ein entschiedener Befürworter des Projekts.

„Okay, Mami", sagte sie. „Ich kümmere mich darum. Ich werde diese Schneeheide schon finden. Sag Papi, er soll sich wieder abregen. Zur Not hexen wir beide die Straße hin."

„Keine schlechte Idee", meinte Barbara Blocksberg. „Gut, das war's dann, mein Kind.

25

Schöne Tage noch, bis bald. Denk dran, bald geht die Schule wieder los."

Bibi verzog das Gesicht. Schule! Igitt! Daran wollte sie an diesem schönen Frühlingsmorgen nun gar nicht erinnert werden. Sie gab ihrer Mutter zum Abschied einen dicken Schmatz durch das Telefon und legte dann auf.

„Einen schönen Gruß von meiner Mami", sagte sie, als sie wieder auf ihrem Stuhl in der Küche Platz nahm. Sie schmierte sich ein Marmeladenbrot – das dritte an diesem Morgen – und wandte sich dann, mit vollen Backen kauend, an Tina: „Du, sag mal, gibt's hier irgendwo in der Gegend Schneeheide?"

Tina nahm zwei große Schlucke Kakao, überlegte kurz und nickte dann.

„Ja, die gibt es. In der Heide hinter dem Steinbruch zwischen dem anderen Heidekraut. In rauen Mengen. So viel du willst."

„Sehr gut!", sagte Bibi mümmelnd. „Ich soll nämlich für meine Mami so 'n Zeugs besorgen. Für einen ihrer speziellen Kräutertees.

Das mache ich am besten heute gleich nach dem Frühstück, dann können die Kräuter noch trocknen. Kommst du mit?"

Tina antwortete nicht sofort. Sie schien zu überlegen.

„In die Heide …?", fragte sie nach einer Weile gedehnt.

„Ja, in die Heide. Wir reiten natürlich. Bisschen Bewegung tut uns und den Pferden doch gut."

„Na ja", Tina zögerte immer noch. „Ich würde schon gern mitkommen, aber …"

Bibi schaute ihre Freundin verständnislos an. „Ist was, Tina?"

„Nee, was soll schon sein?", druckste Tina herum. Dann endlich rückte sie mit der Sprache heraus: „Also, wenn du es genau wissen willst … ich bin nachher mit Alex verabredet. Beim Steinbruch."

Aha! Daher wehte also der Wind! Tina hatte ein Rendezvous mit Alexander von Falkenstein, dem Sohn des Grafen Falko von Falkenstein. Tina und Alexander mögen einander

27

sehr gern, sitzen in der Schule nebeneinander und treffen sich oft bei gemeinsamen Ausritten.

„Deswegen hast du jetzt so einen Aufstand gemacht?" Bibi schüttelte heftig den Kopf. „Ist doch prima. Das passt doch wunderbar. Ihr trefft euch, quatscht eine Runde, und ich gehe inzwischen Schneeheidekraut sammeln. Alles klar?"

„Alles klar!" Tina seufzte erleichtert auf.

Frau Martin konnte ein leichtes Schmunzeln nicht unterdrücken. Ihre Tina und der Junior von Falkenstein, das junge Paar! Ja, ja, man hat es nicht leicht im Leben, wenn man das erste Mal verliebt ist.

„Ich brauche euch heute Vormittag nicht", wandte sie sich an die beiden Mädchen. „Aber abgeräumt wird noch. Und Geschirr gespült auch. Damit wir uns verstanden haben!"

„Logo, Mutti!"

„Klar, Frau Martin!"

Für Tina war es eine Selbstverständlichkeit, dass sie im Haushalt half, wo es nur ging.

28

Frau Martin hatte mit der Bewirtschaftung des Hofes und der Verpflegung von Feriengästen genug am Hals, seit vor ein paar Jahren ihr Mann gestorben war. Tinas Bruder, der achtzehnjährige Holger, fasste ebenfalls tüchtig mit an. Er war für die Stallungen und die Tiere zuständig und gab täglich einige Stunden Reitunterricht. Na, und dass Bibi im Haushalt ebenfalls zur Hand ging, war selbstverständlich. Sie war ja Gast auf dem Martinshof und brauchte für Unterkunft und Verpflegung nichts zu bezahlen.

Nach einer halben Stunde hatten die beiden Mädchen die Küche auf Hochglanz gebracht. Sie sausten hinauf in Tinas Zimmer, zogen sich rasch um und sattelten dann ihre Pferde. Bibis Lieblingspferd Sabrina musste wegen des Fohlens immer noch geschont werden. Aber auf Holgers Rappen Pascal ritt sie auch sehr gern. Tina schwang sich in den Sattel von Amadeus, und dann ging die wilde Jagd los!

„Ein Lied! Zwei! Drei!", rief Bibi, als sie aus der Hofeinfahrt ritten. Das war das Stichwort für den Song, den sie beide selbst getextet und komponiert hatten:

Hufe klappern, Pferde traben,
springen übern Wassergraben,
über Stock und über Stein,
wer kann das wohl sein?
Das sind Bibi und Tina
auf Amadeus und Sabrina!
Sie jagen im Wind,
sie reiten geschwind,
weil sie Freunde sind!
Weil sie Freunde sind!
Und ist der Graben mal zu breit,
für Bibi ist das keine Schwierigkeit!
Aufgesessen, lang die Zügel,
sattelfest den Fuß im Bügel,
über Felder, über Weiden,
jeder kennt die beiden!

Nach einer Weile fielen die beiden Mädchen wieder in einen lockeren Trab, dann in einen gemütlichen Schritt. Sie genossen den Ausritt, atmeten in tiefen Zügen die milde Frühlingsluft ein und waren rundum zufrieden mit sich und der Welt.

Bibi blickte zum Himmel und versuchte, am Stand der Sonne die Uhrzeit zu schätzen.

„Wann seid ihr denn verabredet?", fragte sie neugierig.

„Na, jetzt. Irgendwann. So gegen zehn haben wir ausgemacht. Alex ist bestimmt schon da. Der ist superpünktlich."

„Dann wollen wir ihn nicht länger warten lassen", meinte Bibi. „Wie wär's mit einem kleinen Wettreiten?"

„Immer!" Tina stimmte begeistert zu und versetzte ihrem Pferd einen Schenkeldruck. „Los, Amadeus!"

Gleich darauf galoppierte auch Pascal los.

„Ich lass dich heute verlieren, damit dein Alex dich nachher trösten kann!", rief Bibi lachend. „Okay?"

„Nee!", gab Tina zurück. „Lass mich gewinnen. Das hat er lieber."

Bibi tat ihrer Freundin den Gefallen.

Eine ganze Weile lagen die beiden Pferde Kopf an Kopf. Als die Mädchen schließlich beim Steinbruch ankamen, wo Alexander auf seinem Hengst Maharadscha bereits wartete, hielt Bibi ihren Pascal auf den letzten Metern mit Absicht zurück. Tina dankte es ihr mit einem freundlichen Grinsen.

Alexander war von Tinas Begleitung gar nicht angetan.

„Hallo!", sagte er ein wenig unwirsch. „Ich dachte, ich wäre mit *dir* verabredet, Tina?"

„Sind wir auch, Alex. Bibi will hier in der Gegend Kräuter für ihre Mutter sammeln."

„Hi, Alex!" Bibi machte eine lässige Handbewegung. „Lasst euch nicht stören. Ich hab dich gar nicht gesehen, Alex. Ich bin schon weg!" Sie griff in die Zügel und lenkte ihr Pferd zur Seite. „Hü, Pascal! Ab mit dir in die Heide! Das hier ist ein Zweiertreffen, da haben wir beide nichts zu suchen."

Bibi trabte davon, und kurz darauf waren Pferd und Reiterin zwischen Bäumen und Gebüsch verschwunden.

„Du, entschuldige bitte!" Tina machte eine verlegene Handbewegung. „Aber ich kann nichts dafür. Ich konnte ihr schließlich nicht verbieten, dass sie mich …"

„Macht doch nichts!", sagte Alexander. „Ist doch alles okay. Bibi ist nett, sagt ‚Hi!', und weg ist sie. Was wollen wir mehr?"

„Nö! Nichts!" Tina atmete erleichtert auf. „Jetzt sind wir ungestört."

Kaum hatte Tina das Wort „ungestört" über die Lippen gebracht, da verzog sie auch schon schmerzlich das Gesicht. Die Stille des Morgens wurde von einem hässlichen Geräusch unterbrochen, das langsam näher kam und immer lauter wurde.

„Oh Mann!", stöhnte Tina auf. „Das Geknatter kenne ich nur zu gut. Das ist Sheriff Freddy auf seiner Kiste! Keine Angst, Amadeus", beruhigte sie ihr Pferd, das aufgeregt tänzelte. Auch Maharadscha wurde ganz nervös bei dem Krach.

Da kam er auch schon angekurvt, der großmäulige Freddy mit Fransenhemd,

33

Cowboystiefeln und Cowboyhut! Er hielt geradewegs auf Tina und Alexander zu und brachte dann seine Maschine knapp vor den beiden zum Stehen. Er gab im Leerlauf noch einmal dröhnend Vollgas und stellte dann den Motor ab.

Freddy bockte die Maschine auf, schob lässig den Hut ins Genick und warf sich in die Brust.

„Oh! Wen haben wir denn da?", fragte er mit spöttischem Grinsen. „Das Liebespaar des Jahrhunderts! Ich störe doch wohl nicht?" Sein Grinsen wurde noch breiter.

„Und ob du störst!", blaffte Alex ihn an. „Du störst sogar gewaltig! Nicht nur du störst, sondern auch deine Mühle. Oder glaubst du, die Tiere freuen sich über den Lärm? Pferdeohren sind empfindlich."

„Nicht mein Problem!" Freddy machte eine wegwerfende Handbewegung. „Ich tue keiner Fliege was zuleide. Ich fahre nur harmlos durch den Wald."

„Ach nee! Und wo willst du hin?", fragte Tina.

„Oh! Das gnädige Fräulein Martin kann ja auch reden. Ich dachte schon, du bist vor Ehrfurcht erstarrt in Anwesenheit deines Grafen."

„Werde bloß nicht frech!", sagte Alex drohend. „Sag lieber, was du hier willst!"

„Das geht dich zwar nichts an", erwiderte Freddy patzig, „aber ich sag's dir trotzdem. Ich fahre zum Sandbahntraining in die Heide. Motocross ist mein Hobby, das weiß doch jeder."

„Ich weiß nur", warf Alex ein, „dass das hier gräfliches Gelände ist und die Heide erst recht. Da hast du mit deiner Kiste gar nichts zu suchen. Das ist Privatbesitz!"

„Privatbesitz! Privatbesitz!", höhnte Freddy. „Du glaubst wohl, weil euch Falkensteins hier die halbe Gegend gehört, kannst du dich aufspielen?" Mit diesen Worten saß er wieder auf und startete sein Motorrad. „Du hast mir überhaupt nichts zu sagen! Kannst mich ja verklagen, wenn du willst!"

Freddy legte den ersten Gang ein und gab Gas! Erde und Steine spritzten auf, und mit lautem Gedröhn bretterte er querfeldein davon in Richtung Heide. Dort kroch Bibi gerade auf allen vieren auf dem Erdboden herum und pflückte weißes Heidekraut. Als sie das Motorrad nahen hörte, richtete sie sich auf und schaute ärgerlich in die Richtung, aus der das Geräusch kam.

„Hey! Das ist ja Freddy!", sagte sie zu sich. „Der tickt ja wohl nicht richtig! Macht mit seinen Reifen die ganze schöne Heide kaputt. Na, warte! Dir werd ich's zeigen! *Eene meene bunte Kleckse, ich bin eine Schrumpelhexe! Hexhex! So,* Freddy-Schätzchen, jetzt bekommst du den Schreck deines Lebens!"

Aus der kleinen Bibi Blocksberg war im Handumdrehen eine bucklige Hutzelgestalt mit einem hässlichen Gesicht geworden. Als Freddy nahe genug herangekommen war, stellte sie sich ihm in den Weg und rief mit krächzender Hexenstimme: „Hä, hä, hä! Halte an, du Satansbraten! Ich verhexe dich sonst in eine alte stinkende Kröte!"

Freddy ließ sich von der Gestalt, die wild mit

den Armen fuchtelte, nicht beirren. Er gab Gas und hielt direkt auf Bibi zu.

„Aus dem Weg, Oma!", rief er. „Sonst fahre ich dich über den Haufen!"

Bibi sprang im letzten Moment zur Seite.

„Mist! Es hat nicht geklappt!", schimpfte sie. Aber sie gab sich noch lange nicht geschlagen. „Na gut", murmelte sie. „Ich kann auch anders: *Eene meene Pudelmütze, lande in 'ner großen Pfütze! Hex-hex!"*

Ein zweites Mal ertönte das typische Hexgeräusch, und auf dem sandigen Heideboden war vor Freddy plötzlich eine riesige, schlammige Pfütze entstanden. Er konnte nicht mehr rechtzeitig abbremsen und fuhr direkt in die Pfütze hinein.

„Verdammt!", schrie Freddy auf. „Wo kommt denn die blöde Pfütze her?" Da rutschte auch schon das Hinterrad der Maschine weg, und Freddy fand sich plötzlich im Matsch wieder. Fluchend richtete er das Motorrad wieder auf und schob es ins Trockene. Anschließend machte er sich notdürftig sauber und leerte

38

das Wasser aus seinen Stiefeln. Den pitsch-
nassen Cowboyhut klemmte er auf dem Ge-
päckträger fest und fuhr dann davon, ohne
sich noch einmal umzublicken. Er fuhr sehr
vorsichtig, wie Bibi feststellte, die sich bereits
wieder zurückverwandelt hatte. Seelenruhig,
als wäre nichts geschehen, wandte sie sich
wieder ihrem weißen Heidekraut zu.

Der Streit

Einige Hundert Meter weiter ging es nicht so seelenruhig zu, im Gegenteil. Zwischen dem „Liebespaar des Jahrhunderts" bahnte sich ein handfester Streit an.

„Du, Alex?", fragte Tina. „Würdest du eigentlich jeden hier aus dem Wald verjagen?"

„Wieso?"

„Na ja, es klingt schon ziemlich blöd, wenn du sagst: Das sei Privatbesitz und hier hätte keiner was zu suchen."

„Aber es ist doch so!" Alex war leicht empört. „Uns gehört nun mal vieles hier, und dieser Heini mit seinem Feuerstuhl muss ja nicht die Luft in unserem Wald verpesten!"

„Unser Wald!", äffte ihn Tina nach. „Wie das

klingt! Irgendwie kann ich Freddy verstehen, dass er vorhin so motzig gegen dich gewesen ist. Du bist der große, reiche Märchenprinz, und ich bin das arme Aschenputtel vom Bauernhof!" Tinas Augen blitzten, sie hatte sich richtig in Wut geredet.

„Ach, Quatsch!" Alex war es peinlich, dass ihn seine Freundin auf die gräfliche Herkunft ansprach. „Sag doch nicht so was zu mir."

„Warum denn nicht?" Tina ließ nicht locker. „Ihr Falkensteiner seid doch stinkereich, und wir Martins sind ziemlich arm. Ist doch so, oder etwa nicht?"

„Du sollst so was nicht sagen!"

„Ich sag's aber! Weil es die Wahrheit ist!"

„Nun hör doch endlich auf damit! Was ist denn los mit dir?"

Alex war ganz verwirrt. Was war nur auf einmal in Tina gefahren? Sie war doch sonst nicht so, ganz im Gegenteil. In der Klasse galt sie als die Schüchternste und Zurückhaltendste unter den Mädchen und jetzt auf einmal dieser Ton? Komisch!

41

„Ich sag dir noch was!" Tina hatte sich regelrecht in Rage geredet. „Ich bin auch gegen Motocross in der Heide. Aber nicht, weil sie Privatbesitz ist, sondern weil man sie schützen muss! Das ist auch die Wahrheit!"

Jetzt wurde es Alexander von Falkenstein zu viel.

„Ich will solche Wahrheiten aber nicht länger hören!", schrie er Tina an. „Von dir schon gar nicht! Mir reicht's!"

Mit diesen Worten riss er Maharadscha am Zügel herum, trabte an und war nach ein paar Sekunden zwischen den hohen Kiefern am Rand der Kiesgrube verschwunden.

„Alex! Was hast du denn?", rief ihm Tina nach. „Bleib doch da!" Sie machte ein klägliches Gesicht und fügte mit leiser Stimme hinzu: „Ich habe dir doch gar nichts getan!"

Sie bekam feuchte Augen. Plötzlich hörte sie Hufeklappern, das immer näher kam. Schnell wischte sie die Tränen fort und putzte sich die Nase. Da war auch schon Bibi auf Pascal zur Stelle.

42

„Entschuldige die Störung!", rief Bibi fröhlich und brachte ihren Rappen neben Tina zum Stehen. „Aber hier im Wald gibt's leider keine Türen. Sonst hätte ich natürlich angeklopft, höflich, wie ich bin!"

„Ach, lass den albernen Quatsch!"

„Hey! Hey!", protestierte Bibi. „Wie redest du mit deiner besten Freundin? Ist was?" Sie blickte sich suchend um. „Wo ist denn dein Alex?"

„Fort." Tina blickte betreten zu Boden. „Einfach weggeritten."

Bibi pfiff leise durch die Zähne.

„Habt ihr Krach gehabt?"

„Na ja …", Tina versuchte, die richtigen Worte zu finden. „Wie soll ich es ausdrücken … Krach eigentlich nicht… Ich habe nur was vom reichen Märchenprinzen gesagt, und da war er gleich beleidigt. Und wie!"

„Stimmt doch aber", stellte Bibi fest. „Der Graf ist reich."

„Sag ich doch!" Tina nickte heftig mit dem Kopf.

„Mach dir nichts draus!" Bibi klopfte ihrer Freundin aufmunternd auf die Schulter. „Alex kommt schon wieder. Pack schlägt sich, Pack verträgt sich, sagt meine Tante Amanda immer."

Tina warf ihr einen protestierenden Blick zu.

„Äh, entschuldige, Tina. Ist ein blöder Spruch, ich weiß. War ja nicht wörtlich gemeint."

Tina lächelte ein wenig gequält.

„Er trifft auch gar nicht zu. Wir haben uns nicht gehauen."

„Weiß ich doch. Kopf hoch! Ihr vertragt euch bestimmt bald wieder."

„Kopf hoch!" war leicht gesagt. Es gelang Bibi nicht, ihre Freundin aufzumuntern, auch nicht mit der Aufforderung zu einer Revanche im Wettreiten. So zockelten die beiden auf Amadeus und Pascal zurück zum Martinshof. Die gute Laune war dahin.

Karla Kolumna in Fahrt

Die trübselige Stimmung der beiden war allerdings schnell verflogen, als sie den Hof erreichten. Karla Kolumna, die rasende Reporterin aus Neustadt, hatte sich eingefunden, und wo Karla auftauchte, war immer was los!

Während Karla ihren Motorroller im Geräteschuppen abstellte und sich aus ihrer Montur schälte, sattelten Bibi und Tina, so schnell sie konnten, ihre Pferde ab und versorgten sie. Dann gesellten sie sich zu Karla und Frau Martin. Die beiden standen plaudernd vor der Tür des Wohnhauses.

„Mein Chef hat mir für ein paar Tage diese Gegend hier verordnet", erklärte Karla und schüttelte ihre dunkle Mähne. „Ich darf doch

hoffentlich bleiben, ja? Ich schlafe notfalls auch bei den Hühnern im Stall. Sozusagen am Busen der Natur. Ha, ha, ha!"

„Aber nein, Frau Kolumna", sagte Frau Martin freundlich, „das wird nicht nötig sein. Die Hühner stehen doch immer schon so früh auf. Wir haben selbstverständlich ein frisch bezogenes Gästebett für Sie."

„Mit legefrischem Ei und frisch gemolkener Milch und frischer Landluft? Mit Stallgeruch und Kikeriki in aller Früh? Die Weltpresse dankt!"

Karla machte einen Diener nach allen Seiten.

„Wollen Sie ein paar Tage Urlaub auf dem Bauernhof machen, Frau Kolumna?", fragte Bibi neugierig.

„Aber nein, Kindchen, wo denkst du hin? Die Arbeit ruft. Ich muss wieder mal meinen Kollegen Mike Mikro in Sachen Sport vertreten."

„Hier in Falkenstein?" Tina runzelte die Augenbrauen. „Was gibt's bei uns denn schon für Sport?"

47

„Eben." Bibi kratzte sich nachdenklich hinter dem Ohr. „Ein Reitturnier steht nicht an, die Fuchsjagd ist schon gewesen …"

„Aber, Kindchen!" Karla setzte ein überlegenes Lächeln auf. „Davon redet doch keiner. Es geht um ein Sandbahnrennen mit Motorrädern!"

Bibi und Tina schauten sich verdutzt an, dann schauten sie Karla an.

„Sandbahnrennen?", riefen sie wie aus einem Mund. „Hier bei uns?"

„Na klar doch", antwortete Karla Kolumna und machte ein wichtiges Gesicht. „Motocross heißt das übrigens in der internationalen Fachsprache."

„Und wo, bitte, soll das stattfinden?", fragte Tina verwirrt.

„Keine Ahnung." Karla zuckte mit den Schultern. „Genaueres werde ich morgen bei der Pressekonferenz des Grafen von Falkenstein erfahren."

Jetzt war es Frau Martin, die ein verdutztes Gesicht machte.

„Der Graf gibt eine Pressekonferenz zum Thema ‚Sandbahnrennen'!? Ist ja merkwürdig."

„Das verstehe ich auch nicht so ganz", fügte Tina hinzu. „Wer kommt denn da alles?"

„Kinder!", wehrte Karla lachend ab. „Fragt mir keine Löcher in den Bauch. Fragen ist *mein* Job. Heute aber bin ich nicht im Dienst. Heute mache ich blau!"

Damit war das Thema „Sandbahnrennen" fürs Erste erledigt. Morgen würden alle mehr wissen. Karla verbrachte den Rest des Tages mit Bibi und Tina. Nach dem Mittagessen legte sie sich für ein Stündchen hin und begleitete dann die beiden Freundinnen in den Stall und hinaus auf die Koppel. Von Sabrinas Fohlen Felix war sie hell entzückt und machte eine Reihe Fotos von Mutter und Sohn.

„Die besten Aufnahmen schicke ich euch natürlich", versprach sie den Mädchen. „Und wenn die Fotos irgendwo abgedruckt werden sollten, dann erhaltet ihr das Honorar. Ist doch logisch!"

49

Falko von Falkenstein hält eine Ansprache

Der große Saal im Schloss Falkenstein war hell erleuchtet. Auf einem kleinen Podest stand ein Rednerpult, davor war ein Mikrofon befestigt. Einige Männer mit Fernsehkameras auf der Schulter standen bereit, und auf den aufgereihten Stühlen saßen Reporterinnen und Reporter aus dem In- und Ausland. Sie warteten auf das Erscheinen des Grafen. Die meisten von ihnen aber warteten darauf, dass sie sich über das kalte Büfett hermachen durften, das an der einen Längswand aufgebaut war. Natürlich hatte sich auch Karla Kolumna pünktlich eingefunden.

Mit im Schlepptau hatte sie Bibi und Tina.

Die beiden Mädchen hatten so lange gebettelt, bis Karla sich schließlich erweichen ließ.

Plötzlich ertönte ein Raunen im Saal. Graf Falko von Falkenstein betrat den Saal. Mit zackigen Schritten ging er zwischen den Anwesenden hindurch und trat an das Pult. Er putzte umständlich sein Monokel, setzte es wieder auf, machte ein paarmal „HÖMM! HÖMM!" und begann dann seine Pressekonferenz.

„Meine Damen und Herren, Ladies and Gentlemen, Mesdames et Messieurs!", schnarrte er. „Ich freue mich, die internationalen Medien hier auf Schloss Falkenstein begrüßen zu dürfen. Ich bin besonders stolz darauf, auf dem gräflichen Gelände ein so prominent besetztes Motocrossrennen veranstalten zu können. Es ist das erste in Falkenstein. Möge es nicht das letzte sein. Für Ihre Fragen stehe ich Ihnen nun gern zur Verfügung …"

Ein Rundfunkreporter hob die Hand.

„Hoheit, was verstehen Sie unter ‚prominent' besetzt? Nennen Sie bitte Namen."

„Nun", fuhr Falko von Falkenstein fort und

machte dabei ein wichtiges Gesicht, „da wäre zunächst einmal der russische Weltklassefahrer Furtzenitschewo, dann der Amerikaner Billy Mountainbiky. Besonders freuen wir uns, dass auch der Japaner Motoladi teilnimmt. Sie sehen also, es wird ein Spitzenrennen! HÖMM! HÖMM!"

„Hoheitchen!", meldete sich Karla Kolumna mit honigsüßer Stimme zu Wort. „Wenn ich noch eine bescheidene Frage stellen darf: Was haben die Fahrer denn an? Ich muss auch noch einen Artikel für die Modeseite schreiben."

„Ja, was haben die an?" Der Graf schaute ein wenig verdutzt. „Rennanzüge aus Leder, nehme ich an. In den verschiedensten Farben. HÖMM! Ist damit Ihre Frage beantwortet, Frau Kolumna?"

„Rennanzug ist gut. Das hört sich schnell an, sehr schnittig. Schon notiert, Hoheitchen!"

„Wo findet denn das Rennen statt, Hoheit?", fragte plötzlich Tina dazwischen.

Der Graf warf sich in die Brust. „Wir veranstalten das Rennen morgen ab elf Uhr vormittags auf dem gräflichen Heidegelände, das sich dafür besonders gut eignet."

„Was? In der Heide? Das kommt überhaupt nicht infrage!", platzte Bibi vorlaut heraus.

„Genau! Da geht doch alles kaputt!", pflichtete ihr Tina bei.

Graf Falko von Falkenstein blickte die beiden Mädchen durch sein Monokel streng an und sagte mit eisiger Miene: „Ich kann mich nicht erinnern, dass ich Kinder zu dieser Pressekonferenz geladen habe. Ich ersuche die Minderjährigen dringend, den Raum zu verlassen!"

Tina zupfte ihre Freundin am Ärmel und zog sie rasch zur Seite. „Komm, Bibi, gehen wir lieber freiwillig, bevor er uns rausschmeißen lässt."

„Nein, Tina, das lasse ich mir nicht gefallen. Das machen wir anders." Bibi versteckte sich zwischen den Erwachsenen und ließ einen Hexspruch los: *„Eene meene große Blässe, ich bin von der Auslandspresse! Hex-hex!"* Dann fuhr sie mit verstellter Stimme, die einen

54

französischen Akzent angenommen hatte, fort: „Monsieur, s'il vous plaît, die Bemerkung von dem Kind war sehr interessant. Haben Sie für das Rennen eine Genehmigung der Naturschutzbehörde?"

„Nein, die brauche ich nicht!", gab der Graf unwirsch zurück und suchte mit den Augen den Saal nach der unbequemen Fragerin ab. „Ich bin meine eigene Naturschutzbehörde!"

Damit war für ihn die Sache erledigt, und er wandte sich wieder den Pressevertretern zu, die ihn mit technischen und organisatorischen Fragen bestürmten.

Für Bibi dagegen war die Sache noch keineswegs erledigt. Sie überlegte. Diesem eingebildeten Grafen würde sie es zeigen. Aber wie?

Plötzlich wurde sie in ihren Gedanken von lauten Stimmen unterbrochen. Bibi wandte den Kopf.

Die Stimmen kamen von draußen auf dem Gang, und es waren zwei Stimmen, die sie gut kannte. Eine kannte sie sogar sehr gut!

Der Knatsch nimmt kein Ende

Im Gang neben zwei alten Ritterrüstungen und vor einem riesigen Ölgemälde standen Tina und Alexander. Die beiden stritten, dass die Fetzen nur so flogen! Tina redete lautstark auf Alexander ein und gestikulierte wild. Halb hinter der offenen Flügeltür postierte sich Bibi. Von diesem Platz aus konnte sie jedes Wort hören, das die beiden sprachen.

„Ich möchte bloß mal wissen, warum du deinem Vater die blöde Idee mit dem Sandbahnrennen nicht ausgeredet hast!", blaffte Tina.

„Das hat doch keinen Zweck", wehrte Alexander ab.

„Aber sonst ist der junge Herr Graf doch auch vorn dran mit seiner großen Klappe!"

„Hab dich doch nicht so!", fuhr Alexander seine Freundin an. „Wenn ein Reitturnier stattfindet, geht doch auch der Boden kaputt."

„Ja, aber das findet auf einer abgesperrten Wiese statt. Die kann man zur Not später umpflügen und Kartoffeln drauf pflanzen."

„Ach nee? Und wenn bei einer Fuchsjagd wie neulich an die hundert Reiter über Stock und Stein hetzen, was ist dann? Na?"

„Erstens machen die nicht so einen Lärm, und zweitens hast du selbst gesagt, dass wir von der Jugendgruppe des Reitervereins uns mehr um die Erhaltung der Natur kümmern müssen!"

Alexander schwieg ein paar Sekunden lang und blickte zu Boden. „Na ja", sagte er dann gedehnt, „man muss seine Meinung auch mal ändern können …!"

„Du machst es dir verflixt leicht!", brauste Tina auf. „Weißt du was? Mit so einem Typen wie dir will ich nicht länger befreundet sein!" Sie fing an zu schluchzen und drehte Alex den Rücken zu. „Das war's dann, junger Herr von Falkenstein!"

58

Sie eilte davon. Alex lief ihr nach. Wo der Gang einen Knick machte, blieb sie stehen.

Schade!, dachte Bibi. Jetzt bekomme ich nicht mit, wie es weitergeht. Aber ich habe genug gehört. Mehr als genug!

„Tina!" Alex berührte sie vorsichtig an der Schulter. Sie gab keine Antwort.

„Tina!" Er machte eine kleine Pause und fügte dann leise hinzu: „Wir brauchen das Geld. Wir sind fast pleite!"

„Waaas?" Tina fuhr herum.

„Ja, es ist so." Alexander schaute in diesem Augenblick alles andere als vergnügt aus. „Deswegen hat mein Vater dem Veranstalter für das Motocrossrennen das Heidegelände verpachtet. Er musste es!"

„Aber … ich dachte …", stammelte Tina, „ich dachte, ihr seid so reich?"

„Schön wär's!", sagte Alex mit verkniffenem Mund. „Der letzte strenge Winter hat durch Schneebruch viele Bäume zerstört, und wir Falkensteiner leben nun mal von der Forstwirtschaft. Hast du geglaubt, wir gehen einmal in der Woche in den Keller und holen dort Geld aus einer riesigen Schatztruhe?"

„Nein, aber ..." Tina hatte einen versöhnlicheren Ton angeschlagen.

„Dann muss dringend das Schlossdach repariert werden", fuhr Alexander fort. „Die Heizung ist auch kaputt. Das geht alles ins Geld!"

„Bringt denn dieses Motorradrennen so viel ein?", wollte Tina wissen.

„Mein Vater sagt, die zahlen sehr gut, und von den Eintrittsgeldern kriegen wir auch was ab."

„Entschuldige, Alex!" Tina war ganz zerknirscht. „Das wusste ich ja alles nicht."

„Ist schon gut", sagte Alexander begütigend und legte ihr den Arm um die Schulter. „Du darfst es aber niemandem sagen. Versprichst du das?"

Er streckte ihr die Hand entgegen. Tina schlug ein.

„Abgemacht!"

Ein bisschen mulmig war ihr dabei schon.

Sicher, der Unterhalt eines großen Schlosses kostete viel Geld. Aber musste deshalb gleich ein Motocrossrennen in der schönen Heide stattfinden? Konnte das nicht woanders sein? Und nun durfte sie nicht einmal ihrer besten Freundin Bibi erzählen, warum das alles so war. Sie seufzte. Das würde noch Probleme geben!

Die Pressekonferenz war mittlerweile beendet. Karla Kolumna hatte als eine der Ersten den Saal verlassen und traf in der Tür auf Bibi.

Gemeinsam gingen sie den Gang entlang, auf Tina und Alexander zu.

„Also, Kindchen!", schnatterte Karla. „Das war eine hochinteressante Pressekonferenz. Ich verstehe zwar nicht viel von Sport, aber auf die Weltklasse fahren unsere Leser immer voll ab. Die Welt wird in den nächsten Tagen nur noch von Falkenstein sprechen!"

„Ja! Und von der Umweltzerstörung!", warf Bibi ein.

„Also, Kindchen!" Karla Kolumna machte eine abwehrende Handbewegung. „Ich habe jetzt keine Zeit, mich über was aufzuregen und wieder abzuregen. Ich muss meinen Artikel schreiben und dann durchtelefonieren. Lass die gute Tante Karla arbeiten, ja?"

Mit diesen Worten rauschte die rasende Reporterin davon. Bibi trat auf Tina und Alexander zu.

„Die ist auch nicht besser als der Graf. Macht einfach die Augen zu." Mit leichter Verzweiflung in der Stimme wandte sich Bibi an ihre Freundin: „Sag du doch mal was, Tina!"

„Ach, ich finde, du übertreibst, Bibi!", antwortete Tina betont forsch. „Was heißt hier ‚Umweltzerstörung'. Sooo schlimm ist es ja nun auch nicht."

„Spinnst du?", rief Bibi empört und so laut, dass Tina zusammenzuckte. „Grad eben hast du noch in den Saal gerufen: ‚Da geht doch alles kaputt!' Und auf einmal soll das alles gar nicht mehr so schlimm sein? Du hast doch wohl eine Meise!"

Tina zögerte mit ihrer Antwort. So sauer hatte sie ihre Freundin noch nie erlebt. Was konnte sie bloß zu ihrer Verteidigung hervorbringen?

„Was soll da schon kaputtgehen?", sagte sie leichthin. „Das wächst doch alles nach."

„Wenn deine Sabrina auf die Wiese äpfelt und dabei ein bisschen Gras erstickt, das wächst natürlich nach. Klar! Aber wenn zig schwere Geländemaschinen durch die Heide pflügen, dann ist die zerstört. Endgültig!"

„Mensch, Bibi!" Tina gingen langsam die Argumente aus. Wie könnte sie ihre Freundin bloß umstimmen? „Diese Motorräder bringen Zuschauer und Touristen. Und die bringen Geld. Die wollen das Schloss besichtigen und zahlen dafür Eintritt. Falkenstein wird berühmt! Verstehst du das denn nicht?"

„Nein!" Bibi drehte sich um und ging weg. „Du kannst ja Fremdenführerin werden!", rief sie Tina über die Schulter zu. „Aber ohne mich! Tschau! Ich gehe. Ich brauche dringend frische Luft!"

Sie eilte die geschwungene Treppe des Schlosses hinunter und schnappte sich ihren Hexenbesen Kartoffelbrei, mit dem sie und Tina zur Pressekonferenz hergeflogen waren.

Sie war sauer, fühlte sich unverstanden und enttäuscht. Wütend drehte sie ein paar Loopings, bis ihr fast schwindelig wurde. Nach einer Weile beruhigte sie sich. Sie hatte sich auf Kartoffelbrei ausgetobt.

Nun ging es ihr etwas besser. Sie beschloss, sich noch mal das Heidegebiet anzugucken. Sie flog eine lange Besenkurve, und da lag es schon unter ihr mit weißem und rotem Heidekraut. Wunderschön war es anzusehen, wie ein gefleckter Teppich.

Sie sog gierig die frische Luft ein. Nach dem Mief in den alten Schlossgemäuern war das direkt eine Wohltat. Plötzlich aber stieg ein unangenehmer Geruch in ihr empfindliches Hexennäschen. Abgase! Abgase von einem Motorrad. Wer fuhr hier in der Gegend Motorrad? Natürlich Freddy, der „Sheriff"!

Sie roch ihn und sie sah ihn. Aber er sollte sie nicht sehen.

Bibi greift ein

„Achtung, mein Wuschel!!", befahl Bibi ihrem Hexenbesen. *„Eene meene Bummelzug, Kartoffelbrei im Flüsterflug! Hex-hex!"*

Leise landete sie hinter einigen Büschen, stellte Kartoffelbrei ab und pirschte sich vorsichtig an Freddy heran. Was tat er da?

Freddy rammte Schilder mit Pfeilen für das Rennen in die Erde und sprach mit sich selbst: „Das wird eine super Strecke! Ist doch gut, dass die jemanden haben, der sich hier in dem Gelände gut auskennt …"

Da ertönte das Knattern eines Motorrollers. Karla Kolumna, die rasende Reporterin, kreuzte auf. Bibi machte große Augen. Jetzt wird es bestimmt interessant, dachte sie.

Karla brachte ihren Roller zum Stehen, stieg ab und ging auf Freddy zu.

„Hallöchen, junger Mann!", begrüßte sie ihn freundlich. „Können Sie mir sagen, wo es hier zur Rennstrecke geht?"

„Sie sind mitten drauf, Tantchen!", antwortete Freddy lässig. „Wollen Sie hier vielleicht üben mit Ihrem Babyroller?"

„Beleidigen Sie mein Dienstgefährt nicht!" Sie drohte neckisch mit dem Zeigefinger. „Ich bin Karla Kolumna, Pressetante von Beruf. Und wer sind Sie?"

Freddy zog mit übertriebenem Ernst den Hut und deutete eine Verbeugung an.

„Freddy. Erster Vorsitzender des Falkensteiner Motocrossvereins."

„Ach. Interessant." Karla schoss schnell ein paar Fotos von Freddy. „Wie viele Mitglieder hat denn Ihr Verein, Herr Freddy?"

„Eins. Mich. Genügt doch wohl, oder?"

„Ah ja!" Karla war ein wenig enttäuscht. „Und was machen Sie hier, wenn man fragen darf?"

67

„Ich markiere die Rennstrecke." Freddy holte mit dem Arm aus und zeigte auf die Heidelandschaft. „Außer mir kennt sich ja hier keiner aus."

„Verstehe, verstehe!" Karla Kolumna hatte Block und Kugelschreiber aus ihrer Handtasche gekramt und schrieb eifrig mit. „Erzählen Sie mehr. Ich brauche Stoff für meinen Artikel."

Artikel? Freddy warf sich in die Brust. Die Tante, wie er sie genannt hatte, wollte etwas über ihn schreiben. Jau! Freddy aus Falkenstein würde in die Zeitung kommen! Das war doch was!

Freddy fuchtelte mit den Armen in der Luft herum, zeigte mal in diese, mal in die andere Richtung und erklärte seine Strecke.

„Also, passen Sie auf … Start und Ziel sind auf dem großen Holzplatz da vorn. Dann geht es hier ins Gelände. Dahinten dann, wo die Sandkuhlen sind und wo die dicken Felsklamotten liegen, da habe ich ein paar Schikanen eingebaut. Da geht's dann ans Eingemachte."

„Aha, Eingemachtes", Karla Kolumna schaute ein wenig verwirrt drein, „Erdbeeren oder Kirschen, nehme ich an?"

„Ha, ha!" Freddy lachte überlegen.

„Nein, nein, verstehe schon!" Karla verbesserte sich. „An der Stelle zeigt sich dann wohl, wer der Meister ist. Nicht wahr, junger Mann?"

Freddy nickte stolz. „Ich habe große Chancen", prahlte er, „ist doch schließlich meine Heimstrecke."

„Also, diese Schikanen würde ich mir gern mal ansehen. Was meinen Sie, schafft das mein kleiner Flitzer?"

„Na klar!" Freddy ging zu seiner Maschine, saß auf und startete sie. „Ich fahre vornweg, Tantchen, okay? Wir nehmen die leichtere Strecke. Los geht's!"

Kurz darauf setzten die beiden sich in Bewegung, Freddy auf seiner Geländemaschine und Karla Kolumna auf ihrem Motorroller. Aus ihrem Versteck heraus blickte Bibi Blocksberg ihnen verärgert nach.

„Dieser Freddy ist bloß auf das Fahren

scharf!", schimpfte sie. „Und Karla Kolumna hat nur ihren Job im Kopf. Alle hier denken bloß an sich. Aber ich will nicht, dass hier ein Heiderennen stattfindet! Ich weiß auch schon, was ich tue!"

Na, was tat unsere Bibi Blocksberg, die kleine Hexe aus Neustadt? Genau! Sie hexte.

„Euer blödes Rennen könnt ihr euch an den Hut stecken!", rief sie Freddy und Karla nach, die in halsbrecherischem Tempo durch das Heidegelände kurvten. *Eene meene Hühnerdreck, alle Schilder sind jetzt weg! Hex-hex!* So", fügte sie mit einem zufriedenen Blick hinzu, „jetzt ist die Heide wieder sauber. Die können ihr Rennen vergessen!"

Mit diesen Worten nahm sie ihren Hexenbesen Kartoffelbrei zur Hand und erhob sich mit ihm in die Luft. Der Martinshof war ihr Ziel. Unterwegs fiel ihr allerdings der Streit mit Tina wieder ein, und das trübte ihre gute Laune natürlich.

Für den Rest des Tages gingen die beiden Freundinnen einander aus dem Weg, und jedes

der Mädchen übernahm freiwillig eine Arbeit auf dem Hof. Bibi nahm sich den Gemüsegarten vor und werkelte darin bis zum Abend, Tina brachte die Stallungen auf Hochglanz. Frau Martin war hocherfreut über den Einsatz der Mädchen, machte sich aber doch Sorgen. Was war bloß geschehen?

Sie versuchte zwar, herauszufinden, was die beiden bedrückte, aber Bibi und Tina ließen sich auf kein Gespräch ein. Also gab es Frau Martin schließlich auf.

Beim Abendessen herrschte ein ungewöhnliches Schweigen. Holger versuchte, die Stimmung mit ein paar lockeren Sprüchen aufzuheitern, hatte aber keinen Erfolg. Also hielt er für den Rest des Abends den Mund. Wortlos und ohne großen Appetit würgten die Mädchen ein paar Brote hinunter und machten sich dann für das Bett zurecht.

Eine halbe Stunde später waren in Tinas Zimmer, wo die Mädchen seit Bibis Ankunft auf einem gemütlichen Matratzenlager schliefen, die Lichter gelöscht. Aber es wurde nicht gekichert und getuschelt wie an den vergangenen Tagen. Eisiges Schweigen herrschte, sie hatten einander den Rücken zugekehrt, und jede stellte sich schlafend. Aber Bibi schlief nicht und Tina schlief auch nicht.

Schließlich brach Bibi das Schweigen.

„Oh Mann!", stieß sie ärgerlich hervor. „Jetzt liege ich schon mindestens eine halbe Stunde hier auf der Matte und kann nicht einschlafen. Bloß, weil du plötzlich Motocrossrennen so supertoll findest!"

Tina antwortete nicht. Stattdessen begann sie leise zu schniefen und heulte dann richtig los.

Bibi fuhr herum. „Tina! Was ist denn los? Warum weinst du denn?"

„Ach nichts!", murmelte Tina mit tränenerstickter Stimme.

„Ach nichts! Ach nichts!", äffte Bibi sie nach. „Natürlich ist was, nun rede doch endlich!"

„Es ist wegen Alex", gab Tina leise zur Antwort. „Aber ich darf nichts sagen, ich habe es ihm in die Hand versprochen."

73

„Ach Mensch!" Bibi rutschte zu Tina hinüber und nahm sie in den Arm. „Mir kannst du es doch sagen. Erstens bin ich deine beste Freundin, und zweitens bin ich eine Hexe. Ich weiß tausend Geheimnisse, da werde ich ein Geheimnis mehr doch wohl für mich behalten können."

Tinas Tränenstrom versiegte, sie putzte sich geräuschvoll die Nase und begann zu erzählen. Die ganze Geschichte … von dem Streit mit Alexander, von dem fehlenden Geld, dem Schloss, den Holzpreisen und wie wichtig das Rennen für den Grafen wäre. Als sie geendet hatte, seufzte sie laut auf. Jetzt ging es ihr schon viel besser.

In geheimer Mission

„Verstehst du jetzt, warum ich plötzlich für dieses blöde Rennen bin, obwohl ich es gar nicht will?"

„Das verstehe ich schon", gab Bibi nachdenklich zu, „aber in Ordnung ist das mit dem Rennen trotzdem nicht. Irgendwas muss man doch dagegen tun können." Sie richtete sich auf und umschlang ihre Knie mit den Armen. „Ich habe zwar heute schon all die blöden Schilder weggehext, aber das wird auch nicht viel nützen. Morgen stellt Freddy neue auf, und das Ganze geht von vorn los. Nein, das ist kein Ausweg."

„Du darfst das Rennen nicht weghexen!", flehte Tina ihre Freundin an. „Mir zuliebe und auch wegen Alex!"

75

„Nein, ich tue es ja nicht", sagte Bibi besänftigend. „Aber muss es denn ausgerechnet in der Heide sein?"

„Wo denn sonst?"

„Na, auf einem Stück abgesperrter Straße vielleicht?"

„Quatsch!", meinte Tina. „Das ist doch dann keine Sandbahn, kein offenes Gelände."

Bibi strengte ihre grauen Zellen an und dachte angestrengt nach.

„Ein Strand mit richtigen Dünen, das wäre ideal", sagte sie. „Dort könnten die rumdonnern, bis ihnen das Benzin ausgeht. Aber einen Strand herhexen, das kann ich leider nicht. Das kann nicht mal meine Mami, und die kann fast alles!", fügte sie hinzu.

„Strand … Strand …", murmelte Tina nachdenklich. „Einen Sandstrand haben wir nicht, aber einen steinigen Strand. Am Baggersee in der Kiesgrube."

Bibi fuhr wie elektrisiert hoch.

„Kiesgrube? Wo ist die denn?"

„Na, hinter der Heide", erklärte Tina.

76

„Da gehen wir im Sommer immer baden. Da ist es ganz toll!"

„Mensch, Tina!" Bibi war begeistert. „Das ist ja super. Die Kiesgrube muss ich sehen!"

„Okay!" Tina gähnte herzhaft und kuschelte sich in ihre Decke. „Gleich morgen früh. Aber jetzt schlafen wir erst mal. Ich bin hundemüde. Es war ein stressiger Tag heute."

„Nein!" Bibi rüttelte Tina an der Schulter. „Sofort! Ich will sofort dahin."

„Jetzt? Um diese Zeit? Es ist doch dunkel draußen! Bibi, du spinnst ja!"

„Ach was!" Bibi warf die Bettdecke zur Seite und huschte zum Fenster. „Schau mal raus, der Mond scheint, und am Himmel ist kein Wölkchen zu sehen. Ein Nachtritt macht Spaß, und für die Pferde ist es auch was anderes."

Brummelnd erhob sich Tina von dem gemeinsamen Lager.

„Also bringen wir es hinter uns, wenn das Fräulein Blocksberg seinen Willen haben muss", sagte sie und schlüpfte in ihre Klamotten. Bibi folgte ihrem Beispiel, und nach ein

77

paar Minuten huschten die beiden auf Zehenspitzen aus dem Zimmer, die Treppe hinunter, zur Tür hinaus und in den Pferdestall.

Pascal und Amadeus staunten nicht schlecht, als sie plötzlich aus den schönsten Pferdeträumen gerissen wurden, und schnaubten unwillig. Aber Bibi hatte sogleich einen Hexspruch für die Pferde auf Lager.

„Eene meene Ach und Krach, ihr beide seid jetzt richtig wach! Eene meene Treppenstufe, leise sind die Pferdehufe! Hex-hex! So, jetzt hört uns niemand! Ab geht die Post!"

Bibi und Tina sattelten die Pferde und führten sie aus dem Stall. Der Hexspruch wirkte, kein Hufeklappern war auf dem gepflasterten Innenhof zu hören. Die Mädchen schwangen sich in die Sättel, und nach ein paar Minuten bereits war der Martinshof hinter dem Wald verschwunden.

Es machte ihnen Spaß, durch die kühle Nacht zu reiten. Der Mond ergoss sein fahles Licht über die Wiesen und brach sich zwischen den Bäumen des Falkensteiner Forsts. Käuzchen schrien leise, und Fledermäuse huschten durch die Luft. Es war richtig romantisch, ja, fast geheimnisvoll, wie auf dem Kriegspfad in geheimer Mission. Endlich hatten sie den Rand der Heide erreicht und blickten auf eine riesige Kiesgrube hinunter. In der Mitte der Grube lag ein kleiner See.

„Wahnsinn!", entfuhr es Bibi. „Das ist ja ein idealer Badeplatz. Warum kenne ich den noch nicht?"

„Du warst ja erst einmal auf dem Martinshof. Letztes Jahr. Und da sind wir nicht zusammen zum Baden gegangen."

„Schade, dass es noch nicht Sommer ist", meinte Bibi bedauernd. „Sonst würde ich mich sofort ausziehen und ins Wasser hüpfen." Dann besann sie sich auf den Grund ihres nächtlichen Ausflugs und fragte: „Warum hat der Graf denn dieses Gelände nicht für das Rennen genommen?"

Tina zuckte mit den Schultern.

„Was weiß ich? Ich denke, der Motocrossclub hat die Heide eben besser gefunden."

Bibi grinste spitzbübisch.

„Das wird sich noch zeigen, wer hier was besser findet!"

„Was hast du vor?"

„Wirst du schon sehen, Tina. Aber du und dein Alexander brauchen keine Angst zu haben. Das Rennen findet schon statt. Komm, wir schauen uns das Gelände mal genauer an."

Die beiden stiegen ab und kletterten mit den Pferden am Zügel einen schmalen Weg in die Kiesgrube hinunter. Das Ufer des kleinen Sees war von tiefen Baggerspuren zerfurcht. Bibi nickte gedankenverloren mit dem Kopf. Ja, das müsste hinhauen!

„Hast du gefunden, was du gesucht hast?", fragte Tina und gähnte herzzerreißend. „Gut, dann können wir ja wieder gehen. Mir ist kalt, und ich sehne mich nach meinem warmen Bett!"

Warmes Bett? Das ließ sich Bibi nicht zweimal sagen.

„Komm, Pascal!"

81

„Komm, Amadeus!"

Die Mädchen machten kehrt, kletterten wieder hinaus aus der Kiesgrube, und in gestrecktem Galopp ging es zurück zum Martinshof. Auf leisen Hufen natürlich, denn Bibis Hexspruch wirkte so lange, bis die Pferde abgesattelt wieder in ihren Boxen standen. Wenige Minuten später schliefen die beiden Freundinnen wie die Murmeltiere. Sie wurden erst wieder wach, als Hahn Hubert sein fröhliches Krähen ertönen ließ.

Das Rennen beginnt

Schon bei Tagesanbruch knatterten die ersten Rennmaschinen durch das Städtchen Falkenstein, drehten ein paar Runden, ließen die Auspuffe knallen und fuhren Richtung Heide. Dort irrte „Sheriff" Freddy wie ein aufgescheuchtes Huhn umher. Er vermisste etwas!

„Verdammt!", schimpfte er vor sich hin. „Wo sind denn bloß meine Schilder? Da waren Saboteure am Werk! Jetzt muss ich noch mal heimfahren und neue besorgen. Dabei wollte ich doch ein paar zusätzliche Trainingsrunden einlegen …"

Das war Pech für Freddy! Er konnte ja nicht wissen, dass Bibi Blocksberg wieder einmal ihre Hexenfinger im Spiel hatte.

Aber noch jemand war aufgeregt. Auf dem Holzplatz, wo sich allmählich die Fahrer mit ihren schweren Maschinen versammelten, sauste Karla Kolumna hin und her und nervte die Leute. Als sie Bibi und Tina entdeckte, schoss sie auf sie zu.

„Ach Kinderchen!" Ihre Stimme überschlug sich fast. „Ich bin ja so aufgeregt. Man hat mir ein tragbares Funkgerät mitgegeben, damit ich das Rennen live und direkt übertragen kann. Hach, und ich habe jetzt so ein Lampenfieber!"

Bibi konnte sich ein Schmunzeln nicht verkneifen.

„Soll ich Ihnen was zur Beruhigung hexen, Frau Kolumna?"

„Nein! Nein! Nicht nötig, Kindchen! Ich brauche die Aufregung, sonst wird mein Bericht ja sterbenslangweilig. Aber du könntest mir einen anderen Gefallen tun, Bibi!"

„Gern, Frau Kolumna. Was darf es denn sein?"

„Wenn das Rennen läuft, würde ich am liebsten auf deinem Besen mit dir über allem schweben und aus der Luft berichten. Da oben hätte ich eine sensationelle Aussicht!"

„Kein Problem!" Bibi war mit dem Vorschlag einverstanden und grinste in sich hinein. „Sie werden Ihr blaues Wunder erleben. Das wird supersensationell!"

Nachdem das jetzt auch geregelt war, eilte Karla Kolumna davon und machte Interviews mit den Fahrern, die sich mit ihren Zweirädern nebeneinander an der Startlinie aufgestellt hatten. Kurz darauf ertönte lautes Hupen, und Butler Dagobert brachte in einer schwarzen Limousine den Herrn Graf Falko von Falkenstein zum Ort des Geschehens. Als der Graf ausgestiegen war, begrüßte er die Fahrer und die zahlreichen Zuschauer und Reporter mit einer eleganten Handbewegung und lächelte ihnen huldvoll zu. Butler Dagobert nahm aus dem Kofferraum des Wagens ein Megafon und reichte es seinem Herrn.

Bevor seine Hoheit aber ein Wort sagen konnte, wurde er unterbrochen. „Sheriff" Freddy zupfte ihn am Ärmel, machte ein wichtiges

Gesicht und flüsterte ihm zu: „Die Strecke ist jetzt frei! Irgendwer hatte die Schilder geklaut, aber jetzt ist alles paletti, Herr Graf!"

Falko von Falkenstein blickte ein wenig verwirrt drein, denn er wusste ja nicht, dass Freddy Probleme gehabt hatte. Butler Dagobert schob den Jungen beiseite und probierte das Megafon aus.

„Eins … zwei …!", erscholl es über die Heide. Dann bekam der Graf die Flüstertüte überreicht und hielt eine kurze Ansprache.

„Liebe Sportfreunde und Motorradfans! HÖMM! HÖMM! Ich freue mich, dass Sie so zahlreich auf dem gräflichen Gelände erschienen sind, und hoffe, dass Sie ein spannendes Rennen erleben werden. Tja, dann …", er ließ seine Blicke über die Anwesenden schweifen, „dann eröffne ich hiermit das erste Falkensteiner Heiderennen. Auf die Plätze, fertig …"

Er setzte das Megafon ab. Butler Dagobert reichte seinem Herrn eilfertig eine Schreckschusspistole, und Graf Falko von Falkenstein feuerte in die Luft. „Los!"

86

Der Lärm, der nun einsetzte, war unbeschreiblich. Bibi und Tina hielten sich die Ohren zu. Karla Kolumna aber hopste aufgeregt auf der Stelle, hielt sich ihr Mikrofon vor den Mund und kommentierte das Geschehen.

„Liebe Hörerinnen und Hörer!", begann sie ihre Liveübertragung. „Das war, wie Sie sicher vernommen haben, der Startschuss. Es ist dabei zum Glück niemand verletzt worden. Ha, ha, ha!" Karla lachte über ihren eigenen Witz. „Hier ist was los! Markig brüllen die Motoren auf, die Fahrer geben Gas, Gas und noch mal Gas, sodass man hier an der Startlinie kaum noch atmen kann. Drum werde ich Ihnen …", sie rang nach Luft und bekam einen Hustenanfall, „werde ich Ihnen eben jetzt kurz was husten!"

Auch Bibi und Tina husteten, denn die Rennräder hatten Sand und Staub aufgewirbelt, und die Abgase der Motoren nahmen ihnen den Atem. Als sich die riesige Staubwolke gelegt hatte und die Fahrer schon außer Sicht waren, wandte sich Tina an ihre Freundin.

„Danke, Bibi, dass du nicht gehext hast."

„Hab ich nicht? Stimmt. Aber gut, dass du mich daran erinnerst. Es wird höchste Zeit." Sie blickte angestrengt in die Richtung, in die die Motorräder gefahren waren, und sagte laut einen Hexspruch: *„Eene meene bunte Bilder, zeigt zur Kiesgrube, ihr Schilder! Hex-hex!"*

Tina blickte ihre Freundin verblüfft an. Wie war das mit der Kiesgrube?

„Ich habe dir ja versprochen, dass das Rennen stattfinden wird, Tina", sagte Bibi lachend. „Nur eben anders. So, und jetzt entschuldige bitte, ich muss Frau Kolumna unter die Arme greifen."

Immer noch hustend, erstattete Karla Kolumna über den Äther ihren Bericht vom Heiderennen.

„Langsam legt sich der Dunst der Auspuffgase, und ich kann die Hand wieder vor den Augen sehen, liebe Freunde draußen am Radiogerät. Die Fahrer sind mittlerweile davongedüst, aber ich werde sie verfolgen. Mithilfe einer landesweit bekannten Junghexe werde

88

ich mich in die Lüfte begeben, um sozusagen aus der Vogelperspektive den weiteren Rennverlauf zu schildern. Liebe Hörerinnen und Hörer, erleben Sie live den Start in die Luft." Sie machte eine kleine Pause. „Das Wort hat nun Bibi Blocksberg!"

Bibi brachte ihren Besen in Startposition und setzte sich auf den Stiel. Karla Kolumna tat das Gleiche. Dann beugte sich Bibi vor und sprach in das Mikrofon: „Hallo, Leute! Der Startspruch für meinen Hexenbesen geht so: *Eene meene mei, flieg los, Kartoffelbrei! Hexhex!* Und jetzt gut festhalten, Frau Kolumna. Wir heben ab!"

Kartoffelbrei machte seine typischen Fluggeräusche, und wenige Sekunden später waren die beiden bereits in der Luft. Tina blieb allein am Boden zurück und überlegte krampfhaft, was Bibi im Schilde führte. Na, sie sollte es noch früh genug erfahren!

In kürzester Zeit hatten Bibi und Karla Kolumna die Gruppe der Motocrossfahrer eingeholt, die unter ihnen durch die Landschaft

bretterten. Einige waren zurückgeblieben, andere hatten sich an die Spitze gesetzt, die angeführt wurde von … Aber lassen wir Karla berichten!

„Es scheint sich da unten eine Sensation anzubahnen, liebe Hörerinnen und Hörer. Freddy, der Sheriff, ein waschechter Falkensteiner, scheint der Weltelite davonzufahren. Er hat sich von den übrigen Fahrern gelöst und liegt bereits einige Meter in Führung. Ein Außenseiter, auf den niemand gesetzt hat. Sensation! Sensation!" Karla bekam vor Aufregung feuchte Hände, fast hätte sie ihr Mikrofon fallen lassen. „Nun verlässt er den Feldweg und biegt in das Heidegelände ein. Dort hatte ich gestern das Vergnügen, eine wirklich wilde Piste kennenzulernen."

Auch Bibi hatte gesehen, dass „Sheriff" Freddy die Richtung geändert hatte. Sie lachte laut los.

Karla Kolumna schüttelte unwirsch den Kopf. Was gab es denn bei solch einem aufregenden Rennen zu lachen?

91

„Ja, was ist das?" Ihre Stimme überschlug sich fast. „Was macht dieser Freddy denn da unten? Er bremst ab … wendet … fährt zum Feldweg zurück … schaut auf das Schild. Sein Vorsprung wird immer kleiner. Was ist denn mit dem Schild?"

An Bibi gewandt, fügte sie hastig hinzu: „Geh tiefer, Kindchen, damit ich das Ganze besser sehen kann!"

„Gern." Bibi drückte Kartoffelbrei nach vorne, und der Besen verlor an Höhe. „Wenn Sie wissen wollen, was mit dem Schild ist, das kann ich Ihnen sagen. Das Schild zeigt zur Kiesgrube, Frau Kolumna."

„Aha!" Nun sprach Karla wieder in das Mikrofon. „Ich erfahre gerade, das Schild zeigt zur Kiesgrube. Dieses Wort höre ich heute zum ersten Mal. Jetzt springt Freddy von seinem Motorrad, stellt sich mitten auf den Weg und fuchtelt wild mit den Armen. Und da kommt auch schon der Rest des Feldes. Freddy ruft den Fahrern etwas zu …"

Was Freddy rief, war trotz des Röhrens der

Motoren für Karla und Bibi deutlich zu vernehmen.

„Hier abbiegen, Leute!", brüllte er und zeigte in die andere Richtung, weg von der Kiesgrube. „Das Schild ist falsch! Hört ihr nicht? Das Schild ist faaalsch!"

Doch die Fahrer schienen ihn nicht zu verstehen. Keiner von ihnen folgte Freddys Wink, alle steuerten auf die Kiesgrube zu.

„Meine Strecke! Meine schöne Strecke!", jammerte Freddy, als sämtliche Fahrer an ihm vorbei in die falsche Richtung gebraust waren.

„Ach, der Arme!", murmelte Karla. „Er tut mir so leid."

„Mir nicht!", rief Bibi vergnügt. Sie zog Kartoffelbrei noch tiefer, brauste haarscharf über Freddys Kopf hinweg und rief ihm zu: „He, Sheriff! Vergiss das Rennen nicht! Die neue Strecke ist auch super! Kannst sie ja gleich mal abfahren! Ha, ha, ha!"

Karla Kolumna war argwöhnisch geworden.

„Steckst du etwa dahinter, Kindchen?", fragte sie. „Was soll ich denn jetzt meinen Hörern sagen? Also nein! Mir fehlen zum ersten Mal in meiner langen Reporterlaufbahn die Worte."

„Dann geben Sie doch mir das Mikrofon", bot sich Bibi an. „Ich kann Sie ja vertreten."

Karla Kolumna sträubte sich erst ein wenig, aber da es ihr im Moment tatsächlich die Sprache verschlagen hatte, gab sie das Mikrofon an Bibi weiter.

„Hallo, liebe Leute!", begrüßte die kleine Hexe ihre Hörer in Stadt und Land. „Hier spricht Bibi Blocksberg, die Ersatzreporterin. Wie Sie bereits von meiner Kollegin Karla vernommen haben, hat sich die Rennstrecke ein wenig verändert. Dem Grafen Falko von Falkenstein war die schöne Heide für ein Motocrossrennen einfach zu schade. Nun geht es in eine Kiesgrube, die an die Fahrer die allerhöchsten Ansprüche stellt. Und da!" Bibi legte Begeisterung in ihre Stimme, wie es sich für eine Sportreporterin gehörte. „Da hat soeben das Feld den Rand der Grube erreicht und …"

„Wunderbar! Ich habe meine Stimme wiedergefunden!", rief Karla dazwischen und riss Bibi

94

das Mikrofon aus der Hand. „Liebe Hörerinnen und Hörer, eine traumhafte Landschaft breitet sich unter uns aus!"

Traumhaft? Bibi runzelte die Stirn. Was soll an einer Kiesgrube schon traumhaft sein? Aber wenn Karla Kolumna berichtet, ist eben alles schön. Spannend allerdings wurde das Rennen jetzt. Die ersten Fahrer fuhren mit dröhnenden Motoren die Kiesgrube hinab. Respekt!, dachte Bibi. Es gehört schon viel Geschicklichkeit dazu, bei diesem schwierigen Gelände im Motorradsattel zu bleiben.

Um alles besser und vor allem aus nächster Nähe sehen zu können, landete die kleine Hexe am Rand der Kiesgrube. Sie und Karla stiegen von Kartoffelbrei. Karla stieß einen begeisterten Kiekser aus.

„Joi!", rief sie. „Da unten ist es ja noch viel schöner als in der Heide. Das ist ein Sandbahnrennen, wie es im Buche steht!"

„Na klar. Sag ich doch!", meinte Bibi beipflichtend.

„Und dann noch der See mittendrin. Ein

95

ausgesprochen lieblicher Kontrast", schwärm-
te Karla Kolumna. „Einen tollen Platz hast du
ausgesucht, Kindchen. Lob! Lob! Lob!"

Bibi strahlte. Das hatte ja wirklich prima hingehauen. Da fiel ihr plötzlich ein, wie sie dem
Rennen einen krönenden Abschluss verschaf-
fen konnte.

„Passen Sie auf, Frau Kolumna. Jetzt kommt
das Beste: *Eene meene Krokodil, im Baggersee sei jetzt das Ziel! Hex-hex!*"

Plötzlich stand auf der kleinen Insel mitten
im See groß und unübersehbar das Schild
ZIEL. Die Fahrer schauten erst ein wenig verdutzt, dann rissen sie ihre Maschinen herum,
gaben Gas und wühlten sich über die weichen
Sandwege zum Wasser.

„U-und w-was sehe ich d-da?" Karla Kolumna stotterte vor Aufregung. „Da klettert flink
wie ein Eichhörnchen ein einzelnes Motorrad
in die Kiesgrube hinunter und überholt das
Feld. Mal links, mal rechts. Na, der Bursche
hat Schneid! Ach, das ist ja Freddy, der vorhin
schon fast aufgeben wollte!"

96

Mit weit aufgerissenen Augen schaute Bibi hinunter auf das Geschehen. „Sheriff" Freddy ging wirklich aufs Ganze. Er steuerte zielstrebig auf das Wasser zu, überlegte keine Sekunde und tauchte mit einem lauten Platscher als Erster in den Baggersee.

Die anderen Fahrer folgten ihm dicht auf den Fersen und taten es ihm nach. Inzwischen hatte sich am Rand der Kiesgrube eine stattliche Anzahl von Zuschauern und Reportern eingefunden. Sie johlten und kreischten und sparten nicht mit anfeuernden Rufen, denn jetzt entwickelte sich in dem zum Glück nicht tiefen Baggersee eine regelrechte Wasserschlacht.

„Ich glaube, Freddy schafft's tatsächlich", kommentierte Bibi und kicherte in sich hinein.

„Ja, und da!", rief Karla begeistert. „Da taucht pudelnass aus den Fluten Freddy mit seinem Motorrad auf. Der Motor ist längst ausgegangen. Er schiebt und schiebt … und schiebt seine Maschine ins Ziel! Jungfahrer Freddy hat das erste Falkensteiner Motocrossrennen gewonnen!"

98

Die Zuschauer applaudierten und sparten nicht mit Bravorufen. Bibi verzog das Gesicht. Sollte sie ihm den Erfolg gönnen? Ja, entschied sie. Schließlich hatte sie es ihm verflixt schwer gemacht, und er hatte immerhin bewiesen, dass er doch ein sehr guter Fahrer war.

Sie selbst hatte auch Grund zur Freude, denn dank ihrer Hexereien war die Heide verschont geblieben. Aber die Freude sollte nicht lange währen, denn da nahte schon Graf Falko von Falkenstein mit unheilvollem Schritt. Sein Monokelauge blitzte, und sein Gesicht war hochrot vor Zorn. Er interessierte sich nicht für die internationale Rennfahrerelite, die sich teilweise immer noch in dem Baggersee tummelte. Die Reporter und Fotografen, die jetzt das Gelände der Kiesgrube stürmten, um die Ereignisse in Wort und Bild festzuhalten, kümmerten ihn ebenso wenig. Er hatte es auf Bibi Blocksberg abgesehen!

Eins zu null für Bibi

Auweh! Bibi zog den Kopf ein. Jetzt war ein Donnerwetter fällig! Aber sie war bereit, sich den Kopf waschen zu lassen. Schließlich war das alles nicht so ganz astrein gewesen, was sie veranstaltet hatte.

Drohend baute sich der Graf vor Bibi auf. „Bibi Blocksberg!" Seine Stimme war auf dem gesamten Gelände zu hören. „Kannst du mir mal sagen, wie ich mich jetzt dem Veranstalter des Rennens gegenüber verhalten soll? HÖMM! HÖMM! Ich habe ihm die Heide verpachtet und nicht diese hässliche Grube! Ich weiß, dass du hinter all dem steckst. Du warst schon auf der Pressekonferenz gegen das Rennen. Also, was hast du zu sagen? HÖMM!"

Bibi schluckte tapfer. Gerade wollte sie zu einer Verteidigungsrede anheben, da kam Karla Kolumna angeeilt.

„Hoheitchen! Hoheitchen! Schimpfen Sie nicht!", säuselte sie. „Ich habe gerade mit dem Teamchef gesprochen. Die Fahrer sind alle begeistert. Das Ziel auf der Insel ist genial! Sie sagen, die Fahrt durch das Wasser würde Menschen und Maschinen richtig fordern, und darauf würde es bei einem Motocrossrennen ja vor allem ankommen."

„So?" Graf Falko von Falkenstein blickte die Reporterin argwöhnisch an. „Dann werde ich mein Geld also bekommen? HÖMM!"

„Geld? Was für Geld?" Karla Kolumna verstand nicht gleich. „Ach so. Natürlich. Das mit dem Geld geht klar. Aber was noch besser ist: Die Jungs wollen das nächste Rennen unbedingt wieder hier machen."

Graf Falko von Falkenstein rang sich ein Lächeln ab und wandte sich an Bibi. Seine Stimme klang jetzt schon viel freundlicher.

„Tja", sagte er, „dann muss ich mich wohl

bei dir bedanken, Bibi Blocksberg. HÖMM!
HÖMM!"

„Nö, Herr Graf!", erwiderte Bibi munter. „Müssen Sie gar nicht. War mir ein Vergnügen. Aber warten Sie … Den Fahrern will ich schnell noch was hexen." Sie warf einen Blick zu den Männern, die inzwischen ihre Maschinen wieder an Land geschoben hatten. „Die sind ja immer noch pitschenass. Also: *Eene meene Tagebücher, ihr alle habt jetzt Badetücher! Hex-hex!"*

Hocherfreut nahmen die Fahrer die weichen Tücher, die plötzlich auf ihren Schultern lagen, und rubbelten sich trocken. Dann saßen sie wieder auf und fuhren in Richtung Schloss. Karla Kolumna nahm auf Freddys Beifahrersitz Platz, und Bibi und Tina flogen auf Kartoffelbrei voraus. Im Saal des Schlosses, wo am Tag zuvor die Pressekonferenz stattgefunden hatte, überreichte nun Graf Falko von Falkenstein den Siegerkranz an Freddy. Strahlend ließ dieser sich fotografieren und interviewen, gab Bibi und Tina anschließend freundlich die Hand und machte sogar einen Diener.

Alle waren glücklich. Karla Kolumna hatte eine tolle Story für ihre Zeitung, Freddy hatte das Rennen gewonnen, Graf Falko seinen Scheck bekommen, und Alex und Tina waren wieder versöhnt.

Als die beiden Mädchen schließlich zum Martinshof zurückgekehrt waren, kam ihnen Frau Martin aufgeregt entgegengerannt.

„Bibi! Bibi!", rief sie atemlos. „Deine Mutter hat schon ein paarmal angerufen. Du sollst sofort zurückrufen!"

Hastig eilte Bibi ins Haus und wählte die Nummer ihrer Eltern in Neustadt.

Am anderen Ende hob Barbara Blocksberg ab.

„Bibi! Schätzchen!", sprudelte sie hervor. „Hast du an die Kräuter gedacht? An die Schneeheide?"

„Ja sicher, Mami", gab Bibi zurück. „Die sind längst gepflückt. Wieso hast du es denn so eilig?"

„Ach Kind!" Barbara Blocksberg seufzte laut. „Ich brauche sie dringend. Papi hat sich

104

heute Nachmittag so aufgeregt, als er Karla Kolumnas Reportage im Radio gehört hat. Und als du dann gesprochen hast, ist er fast ausgeflippt. Aber", fügte sie hinzu, „er war unheimlich stolz auf dich! Außerdem hat er gesagt, dass du ihm fehlst. Mir fehlst du auch, Bibi!"

„Ach Mami", sprach Bibi in den Hörer, „es sind ja bloß noch ein paar Tage, dann bin ich wieder bei euch. Dann sind die Osterferien zu Ende."

„So lange halten wir es schon noch ohne dich aus", sagte ihre Mutter. „Mach dir noch ein paar schöne Tage und grüße die anderen herzlich von mir."

„Mach ich, Mami! Tschühüss!"

„Tschüss, Bibi!"

Bibi legte auf und seufzte. Das mit den Ferien war blöd, aber auch die schönsten Ferien gehen nun mal zu Ende. Sie nahm sich fest vor, die noch verbleibende Zeit auszunützen. Reiten, mit Tina quatschen und das Leben auf dem Martinshof genießen.

„Bibi! Kommst du?", rief Frau Martin aus der Küche. „Es gibt Kartoffelpuffer mit Apfelmus."

Da ließ sich Bibi nicht zweimal bitten. Das Heiderennen war gelaufen, jetzt war mit dem Hexen erst einmal Schluss! Frau Martins Kartoffelpuffer waren sensationell, keine Hexsprüche der Welt hätten sie besser machen können!

Das Herbstturnier

nach Ulf Tiehm

Das Training

Aus dem Stall des Hofes war das Scharren von Hufen, das Rascheln von Stroh und das Schnauben aus Pferdenüstern zu hören. Ab und zu ertönte ein leises Wiehern, und wer gute Ohren hatte, konnte die Pferde am Klang ihrer kehligen Ruflaute unterscheiden. Für Bibi und Tina war das leicht, sie hätten Amadeus und Sabrina aus Hunderten von Pferden herausgehört. Umgekehrt war es genauso: Die weiße Stute und der braune Hengst wurden schon unruhig, wenn sie die hellen, klaren Stimmen der beiden Freundinnen vernahmen. Ja, sie erkannten sie sogar an ihren Schritten in den Reitstiefeln.

Als Bibi und Tina an diesem Nachmittag nach einem reichhaltigen Mittagessen den

Stall betraten, wurden sie schon von ihren Lieblingen mit lautem Wiehern begrüßt. Die Mädchen in ihrer Reitkleidung – das konnte doch nur bedeuten, dass wieder einmal ein langer Ausritt angesagt war. Vielleicht sogar ein kleines Wettreiten? Amadeus und Sabrina maßen ebenso gern ihre Kräfte wie ihre Reiterinnen, und jedes der beiden Pferde strengte sich stets aufs Neue gewaltig an, um zu zeigen, was in ihm steckte.

Aber kein Ausritt ohne Aufsatteln. Das war meistens recht umständlich, denn die Tiere standen nicht still, schlugen, um einen Leckerbissen bettelnd, mit den Hufen gegen das Holz ihrer Box und verdrehten die Hälse, um den Mädchen immer wieder kräftige Begrüßungsstupse zu geben. Also wurden sie ins Freie geführt, wo mehr Platz war. Endlich war die leidige Prozedur vorbei, und es war Zeit zum Aufsitzen. Nein, halt! Doch noch nicht!

„Warte mal kurz!", brummelte Tina. „Bei Amadeus hat sich der blöde Bauchgurt schon wieder gelockert."

Sie ging leicht in die Knie und fummelte an der Schnalle herum.

„Das Ding klemmt schon wieder."

„Hast du so früh am Tag keine Kraft mehr?", lästerte Bibi. „Du hast doch erst vor einer halben Stunde einen Berg Bratkartoffeln verputzt! Aber wenn deine Kraft nicht reicht, dann könnte ich dir ja einen Gefallen tun und den Gurt dranhexen."

„Nicht mehr nötig, schon gebongt!"

Tina richtete sich wieder auf, griff nach dem Sattelknauf, setzte den linken Fuß in den Steigbügel und schwang sich lässig auf den Rücken des Braunen.

Es konnte losgehen. Die Mädchen wollten gerade die Strecke für ihr heutiges Wettreiten festlegen, da ertönte Frau Martins Stimme aus dem offenen Küchenfenster: „Bibi! Tina! Kommt doch mal bitte!"

Die beiden zuckten zusammen und verzogen schmerzlich das Gesicht. Dieser Tonfall verhieß nichts Gutes, das klang sehr nach Hausarbeit. Was jetzt? Einfach so tun, als

hätten sie nichts gehört, und sich klammheim-
lich aus dem Staub machen?

„Ja, was ist denn? Warum kommt ihr denn
nicht, wenn ich rufe?" Die Stimme klang jetzt
schon energischer und ein wenig ungehalten.

„Mutti! Wir wollen ausreiten!", gab Tina ge-
reizt zurück. „Siehst du das denn nicht?"

„Das sehe ich sehr wohl, ich bin ja nicht
blind." Frau Martins Kopf erschien in dem
offenen Fenster. „Aber vom Ausreiten kann
heute Mittag keine Rede sein. Das war nicht
ausgemacht. Wenn ihr vielleicht die Güte haben würdet und euch den Vorgarten einmal
genauer anseht …"

„Den Vorgarten?" Bibi legte die flache Hand
gegen die Stirn, als würde sie ihre Augen gegen die Sonne schützen. „Ein schöner Vorgarten. Alles schön grün, alles wächst und
gedeiht aufs Prächtigste."

„Ja, vor allem das Unkraut!", gab Frau Martin trocken zurück.

„Unkraut gibt es nicht!", belehrte Tina ihre
Mutter. „Es gibt ja auch keine Unbäume und

Unbüsche. Wildkräuter nennt man das, Mutti. Wildkräuter!"

„Eure flotten Sprüche könnt ihr euch diesmal schenken!", kam es zur Antwort. „Wir haben gestern Abend ausgemacht, dass heute das Unkraut dran ist. Basta! Also bindet die Pferde wieder an und macht euch an die Arbeit. Nach dem Jäten räumt ihr dann noch die Sattelkammer auf. Ihr wisst ja, eine ordentliche Sattelkammer ist die Visitenkarte eines gut geführten Reiterhofes. Also, beeilt euch, in einer Stunde könnt ihr leicht fertig sein."

„Ach Muttilein!" Tina versuchte es jetzt auf die süße Tour. „Hast du ganz vergessen, dass Bibi und ich für das Jugend-Herbstturnier trainieren müssen? Es kommt auf jede Minute an. Willst du, dass wir uns blamieren? Wie würde denn das aussehen, wenn Bibi und Tina vom Martinshof auf dem letzten Platz landen? Diese Schande! Das würde doch glatt auf dich zurückfallen!"

Frau Martin musste herzlich lachen. Das war schon eine tolle Logik, mit der ihr Töchterchen

113

daherkam! Bibi schaltete blitzschnell und schlug in dieselbe Kerbe wie ihre Freundin.

„Wenn wir jetzt unsere Kräfte mit körperlicher Arbeit vergeuden, dann fehlen sie uns beim Training. Und was passieren kann, wenn wir nicht ausreichend trainieren, das hat Tina ja schon angedeutet. Es wäre wirklich besser, ich würde hexen."

Frau Martin protestierte zunächst, aber die beiden jammerten und klagten so herzzerreißend, dass sie schließlich nachgab, um ihre Ruhe zu haben. Bibi und Tina blinzelten sich vergnügt zu, und Bibi legte sogleich los.

„Volle Konzentration! Das wird ein Doppelhexspruch! *Eene meene leicht verschnupft, alles Unkraut ist gezupft! Eene meene Wäscheklammer, sauber ist die Sattelkammer! Hex-hex!"*

Zufrieden betrachtete Bibi ihr Werk, zumindest das, was vom Hof aus zu sehen war. Die Beete und Rabatten des Vorgartens sahen tipptopp gepflegt aus, und das Unkraut lag auf dem Komposthaufen, um dort zu verrotten und im nächsten Jahr guten Dünger abzugeben. Aus der Sattelkammer roch es nach Lederpflegemittel, und ein Schmutzhaufen vor der Tür zeugte davon, dass drinnen gründlich ausgefegt worden war. Erleichtert setzte sich Tina in ihrem Sattel zurecht und wollte gerade Amadeus, der wie Sabrina nervös auf der Stelle trat, Schenkeldruck geben, als ein zweites Mal die Stimme ihrer Mutter ertönte.

„Bibi! Bibi Blocksberg! Telefooon! Deine Muuutter!"

„Geht ganz schnell, Tina!", beruhigte Bibi ihre Freundin, die stöhnend die Augen verdrehte. Sie sprang von ihrem Pferd, eilte ins Haus und griff nach dem Hörer.

„Hallo, Mami!", rief sie vergnügt. „Wo brennt's denn, dass du am helllichten Tag hier anrufst? Hast du Sehnsucht nach mir?"

„So ähnlich!", gab Barbara Blocksberg zur Antwort. „Ich wollte bloß mal wieder deine Stimme hören und fragen, wie es dir so geht."

„Super, Mami! Ich habe gerade doppelt

gehext. Unkraut jäten und Sattelkammer sauber machen zur gleichen Zeit!"

„Wohl heimlich, wie?" Ihre Mutter kicherte.

„Nein, nein, ganz offiziell!", beeilte sich Bibi zu sagen. „Frau Martin hat es mir erlaubt, weil wir doch dringend trainieren müssen für das Jugendturnier in Falkenstein an diesem Wochenende. Davon habe ich dir doch erzählt. Ich hoffe, ihr habt es nicht vergessen, du und Papi. Ihr kommt doch hoffentlich?" In ihrer Stimme schwang leise Besorgnis mit.

„Ich komme, Bibilein."

„Was denn?", kam es enttäuscht zurück. „Papi nicht?"

„Der kann leider nicht. Der ist mit seinen Kollegen zum Fußball verabredet. An diesem Wochenende findet doch bei uns in Neustadt das Endspiel für den Aufstieg in die Bezirksklasse statt. Als alter Fußballfan kann Papi sich das doch nicht entgehen lassen."

„Och ...", maulte Bibi, „dem ist es wichtiger, einem Ball hinterherzurennen, als die Reitkünste seiner Tochter zu bewundern. Kannst du die Meisterschaft nicht auf ein anderes Wochenende hexen, Mami?"

„Nein, das geht leider nicht, überall hängen schon die Plakate, und ganz Neustadt ist im Fußballfieber. Also, lass ihm seinen Spaß, er war ja schon oft draußen bei den Martins und hat dir zugeschaut."

In diesem Moment rief von draußen Tina schon ganz ungeduldig: „Nun mach schon, Bibi! Beeil dich doch!"

„Du, Mami, ich muss jetzt Schluss machen", sagte Bibi ganz hibbelig, „Tina ruft, und wir haben heute noch so viel …"

„Ja, ja, ich verstehe. Bin ja auch schon fertig", gab ihre Mutter zurück. „Mach's gut und grüß Tina von mir."

„Mach's gut, Mamilein, und grüß den Papi ganz lieb!"

Der Unfall

Zack! Den Hörer auflegen und aus dem Haus sausen war eins. Tina runzelte voll gespielter Entrüstung die Stirn und nickte übertrieben huldvoll, als sie die Grüße von Bibis Mutter Barbara entgegennahm.

„Können wir jetzt endlich?", fragte sie. „Die warten nicht bis heute Abend auf uns mit der Auslosung der Startplätze. Wenn wir dort sind, stellst du dich fürs Rennen an, und ich melde mich bei den Springreitern, wie abgemacht. Dann müssen wir nicht gegeneinander antreten."

Durch leichte Zügelführung brachten Bibi und Tina nun ihre Pferde nebeneinander auf gleiche Höhe und ritten im Schritttempo los.

Nach einigen Minuten hatten die Stute und der Hengst ihre Muskeln gelockert und sich so weit aufgewärmt, dass sie fit für eine längere Galoppade waren. Bibi gab das Kommando, und bei „Los!" drückte Tina auf ihre Stoppuhr. Heute wollte sie nämlich die Zeit stoppen, die sie bis zum Ortsschild von Falkenstein brauchten. Als ob Amadeus und Sabrina wüssten, worum es ging, legten sie gleich zu Beginn ein ordentliches Tempo vor. Die Mädchen genossen den Ausritt, als wäre es ihr erster. Irgendwie hatten sie ja auch recht, keiner ihrer vielen Ausritte glich dem anderen, und es war jedes Mal wieder neu und spannend.

Das Waldstück und die Felder und Wiesen zwischen dem Martinshof und dem Dorf Falkenstein boten eine Menge Möglichkeiten für kurze und lange, für leichte und schwierige Ausritte. Heute hatten sie den glatten und festen Waldweg genommen, eine ihrer Lieblingsrennstrecken. Sabrina strengte sich gleich zu Beginn mächtig an, und als es im Galopp auf die Schneise zuging, in die der

Weg mündete, hatte Bibi bereits drei Pferde-
längen Vorsprung.

„Super, Bibi!", wurde sie von hinten ange-
feuert. „Nimm die Knie mehr ran! Und weiter
vorbeugen! Ja, gut so! Nicht zu mir umdrehen,
das kostet Konzentration!"

„Man muss beim Rennen doch auch gucken,
wo der Gegner ist!", rief die kleine Hexe über
die Schulter zurück. „Ihr könntet außerdem mal
ein bisschen zulegen! Hey, Amadeus! Was ist
mit dir? Ich seh dich ja schon gar nicht mehr!"

„Ich bin nicht dein Gegner, ich bin deine
Trainerin!", kam es zur Antwort. „Und du sollst
nach vorn gucken, verflixt noch mal! Schau,
wo du hinreitest!"

Tinas Ermahnungen kamen nicht zu Un-
recht, denn Bibi hatte die Augen wegen des
starken Gegenwindes zu schmalen Schlitzen
geschlossen und konnte nicht besonders gut
sehen. Sie vertraute auf Sabrinas Trittsicher-
heit und ihren scharfen Blick, dem kein noch
so kleines Hindernis auf dem Weg entging. Bibi
blickte nicht nach links und nicht nach rechts,

122

sie hielt den Kopf dicht über Sabrinas Mähne gebeugt. Als sie sich dann aber wieder aufrichtete und nach vorn schaute, war es zu spät.

Was nun passierte, spielte sich innerhalb weniger Sekunden ab. Ganz plötzlich war aus der Gegenrichtung das laute Knattern eines Motors zu hören, und im nächsten Moment kam auch schon „Sheriff" Freddy auf seinem frisierten Moped angebrettert, Sabrina scheute, stieg und warf Bibi ab, die in hohem Bogen in den Graben neben dem Weg flog. Freddy versuchte zu bremsen, seine Maschine schlingerte und kam ins Rutschen. Ein Zusammenstoß mit der Schimmelstute schien unvermeidlich. Da lenkte er geistesgegenwärtig sein Moped gegen die Böschung und ließ sich zur Seite fallen. „Absteigen" nennt man das in Fachkreisen. Freddys Maschine überschlug sich einige Male und blieb dann liegen. Der Motor erstarb, und auf der Lichtung war es für kurze Zeit sehr still.

Als sich Bibi dann stöhnend aufrappelte, kam Bewegung in Tina. Sie sprang hastig von ihrem Pferd und eilte ihrer Freundin zu Hilfe.

„Mensch, Bibi!", rief Tina erschrocken. „Ist dir was passiert?"

„Ich weiß nicht", murmelte Bibi gepresst. Sie war aschfahl im Gesicht und zitterte vor Schreck. „Ich glaube nicht, aber das kann ich mit Bestimmtheit jetzt noch nicht sagen."

„Jetzt setz dich erst mal hin und komm wieder zu dir", sagte Tina. „Warum hast du denn keinen Schnellhexspruch gesagt, als Freddy mit seiner Stinkekiste auf dich zukam?"

„Weiß ich selbst nicht. Es ging alles so rasend schnell, da habe ich vor Schreck nicht dran gedacht. Was ist mit Sabrina, was ist mit Freddy?"

Sabrina ging es gut. Sie hatte sich schnell wieder beruhigt und stand jetzt friedlich da und graste. Ein Martinshofpferd warf so schnell nichts um. Freddy dagegen ging es nicht so besonders. Er hatte sich bei seinem Absprung ein paar ordentliche Hautabschürfungen eingehandelt und hielt sich seinen schmerzenden Kopf.

Tina hatte überhaupt kein Mitleid mit ihm,

sondern blaffte ihn an: „Sag mal, du bist ja wohl auch nicht mehr ganz dicht, oder? Rast hier wie ein Bekloppter durch den Wald! Das ist immer noch ein Forstweg und keine Sandbahnstrecke!"

„Ich weiß, ich weiß!", erwiderte Freddy kläglich. Er war vor Schreck ganz weiß um die Nasenspitze. „Ich hatte für eine Sekunde nicht aufgepasst. Ich war abgelenkt, irgendwas stimmte nicht mit meiner Lenkung."

„Ich habe auch für eine Sekunde nicht aufgepasst", ließ sich Bibi kleinlaut vernehmen.

„Du halte dich da raus, du bist überhaupt nicht schuld!", wies Tina sie zurecht. „Er hier hat das alles verbockt. Mopeds haben im Wald eben nichts zu suchen, vor allem, wenn der Fahrer immer so idiotisch rasen muss!"

„Ach was", versuchte sich Freddy zu verteidigen. „Seit ich Mitglied im Country-Cross-Verein bin, fahre ich immer ganz vorsichtig."

„Ha, ha!", meinte Tina höhnisch. „Jetzt haben wir ja gesehen, was bei deinen Fahrkünsten rauskommt! Blechschrott und zwei Verletzte!"

126

„Zwei? Einer!", verbesserte Bibi. „An mir ist noch alles dran, aber Freddy hat was abgekriegt. Zeig mal deinen Arm und zieh mal deine Hosenbeine hoch. Hm … dicke Schürfwunden an deinen edlen Körperteilen. Sieht nicht besonders gut aus. Aber das werden wir gleich haben. Halt mal kurz still. *Eene meene Arm und Bein sollen dick verbunden sein! Hexhex!*"

„Oh, danke!", rief Freddy verblüfft, als Bibi ihn bandagiert hatte. Tina jedoch hatte für ihn nur einen verächtlichen Blick übrig.

„Hättest ihm gleich einen Totalverband anhexen sollen!", sagte sie giftig. „Als Mumie würde er gut aussehen, und seine Klappe müsste er auch halten."

Freddy fiel keine passende Antwort ein, er war ohnehin recht kleinlaut geworden. Er tat Bibi fast schon ein bisschen leid, deshalb schlug sie einen versöhnlichen Ton an: „Jetzt hör wieder auf, Tina. Bitte! Wir müssen schließlich heute noch nach Falkenstein. Hilfst du mir beim Aufsitzen, Freddy?"

127

Eilfertig trat Freddy auf Bibi zu, doch als die kleine Hexe mit dem rechten Fuß kräftig auftrat, stieß sie solch einen spitzen Schrei aus, dass die Pferde erschrocken die Ohren nach hinten legten und loswieherten.

„Ohhh! Auaaa! Mein Bein!"

„Siehste! Siehste!", lamentierte Tina und warf Freddy einen kurzen, wütenden Blick zu. „Ich habe doch recht gehabt mit meinen zwei Verletzten. Das Bein ist bestimmt gebrochen!"

„Ach Quatsch!" Bibi verlagerte ihr Gewicht, um das rechte Bein zu schonen. „Man sieht doch gar nichts."

„Das kommt schon noch", meinte Tina trocken. „Bibi, du setzt dich jetzt hin und bleibst ganz ruhig hocken. Freddy, du bleibst bei ihr und passt auf sie auf. Ich hole Hilfe."

„Kannst du dir deine Verletzung nicht weghexen?", fragte Freddy neugierig. „Ich meine, das Bein wieder heil hexen oder so?"

Nein, das konnte Bibi nicht. Verletzungen kurieren lernte eine Hexe erst als Erwachsene, und selbst dann musste sie tüchtig dafür lernen und Prüfungen ablegen. Aber etwas anderes konnte sie.

„Einen Gips dranhexen, das könnte ich natürlich", sagte sie nach kurzer Überlegung, und schon hatte sie den passenden Hexspruch parat: *„Eene meene Papis Schlips, um das Bein ist jetzt ein Gips! Hex-hex!"*

Sogleich rief Bibi nach ihrer Stute und wollte aufsitzen, aber mit dem dicken, schweren Gipsbein in Reithose und Stiefel war das unmöglich. Auch Tina und Freddy würden es nicht schaffen, sie auf Sabrinas Rücken zu hieven. Was nun? Reiten wollte Bibi unbedingt. Es half also nur ein zweiter Hexspruch: *„Eene meene schnattel-dattel, ich sitz wieder fest im Sattel! Hex-hex!* Auf nach Falkenstein zur Auslosung!", setzte sie triumphierend hinzu und winkte aus luftiger Höhe von Sabrina hinunter, als wäre nichts geschehen.

„Falkenstein?" Tina traute ihren Ohren nicht. „Spinnst du? Wir reiten jetzt auf kürzestem Weg nach Hause, damit das mal klar ist!"

Bibi wollte protestieren, aber Tina schnitt

ihr das Wort ab. Als Freddy schüchtern und mit schlechtem Gewissen seine Hilfe anbot, wurde auch er sehr kurz abgefertigt: „Du hast uns gerade noch gefehlt! Bieg du mal deinen Feuerstuhl wieder gerade, damit bist du für eine Weile beschäftigt. Die Auslosung", sie wandte sich wieder an Bibi, die ein enttäuschtes Gesicht machte, „die läuft auch ohne uns. Außerdem kannst du die Teilnahme an dem Rennen mit dem Bein sowieso vergessen!"

Bibi hütete sich, zu widersprechen, und erklärte sich damit einverstanden, dass sie zurück zum Hof ritten. Insgeheim aber hielt sie an ihrem Vorhaben fest, auf jeden Fall an dem Turnier teilzunehmen. Tina würde sich schon noch wundern. So schnell ließ sich doch eine Bibi Blocksberg nicht die Tour vermasseln! Einfach aufgeben, das kam überhaupt nicht infrage!

Na gut, aber das Turnier sollte ja erst am Sonnabend stattfinden, und bis dahin waren noch ein paar Tage Zeit. Jetzt musste Bibi erst einmal zusehen, dass sie mit ihrem verletzten Bein wieder klarkam.

Bibi liegt flach

Auf dem Heimweg – hübsch langsam und gemächlich im Schritt – gelang es ihr, Tina das Versprechen abzunehmen, dass diese ihrer Mutter nichts von dem Unfall auf der Waldschneise erzählte. Und der Gips? Bibi, nicht faul und nie um eine Idee verlegen, hexte sich kurz vor dem Hoftor den Gips kurz entschlossen wieder weg. So einfach war das. Weniger einfach war es jedoch, unbemerkt ins Haus zu gelangen. Doch auch das schaffte Bibi.

Den Rest der Nachmittagsstunden verbrachte sie auf Tinas Zimmer und schützte leichte Kopfschmerzen vor, die nach einer Weile aber vergingen. Als dann schließlich alle beim Abendbrot versammelt waren, hatte Bibi ihr

verletztes Bein unter dem Tisch auf einen Stuhl gelegt. Die Verletzung tat scheußlich weh, aber Bibi biss tapfer die Zähne zusammen. Sie würde schon durchhalten. Hauptsache, Frau Martin merkte nichts oder sie kam nicht durch einen Zufall darauf, dass mit dem Bein ihres Feriengastes etwas nicht in Ordnung war.

Dieser Zufall sollte jedoch bald eintreten.

„Bibi, sei doch mal so nett und zieh die Vorhänge ein Stück zu", bat Frau Martin. „Dann ist es irgendwie gemütlicher."

„Die Vorhänge? … Äh … ja … die Vorhänge …", stotterte Bibi herum und rührte sich nicht vom Fleck.

„Du wirst dich schon erheben müssen, du hast ja schließlich keine Affenarme."

„Nein! Ha, ha! Habe ich nicht!", erwiderte Bibi albern und fügte eilig hinzu: *Eene meene Marabu, affenschnell der Vorhang zu! Hex-hex!"*

Tina verdrehte die Augen und blickte angestrengt zur Decke, um nicht loslachen zu müssen. Ihre Mutter aber fand das gar nicht lustig

133

und sagte es auch laut und deutlich. Vor allem aber wies sie auch energisch darauf hin, dass sie Bibi heute schon einmal das Hexen erlaubt hatte. Ausnahmsweise, damit das klar war.

Bibi entschuldigte sich kleinlaut, und Tina ergriff sofort für sie Partei.

„Weißt du, Mutti, das war eine Ausnahme, weil wir echt müde vom Training sind."

„Ach ja?", entgegnete Frau Martin gedehnt. „Na, dann hoffe ich ja bloß, dass eure Kräfte noch fürs Tischabräumen reichen. Anschließend dürft ihr euch gern auf euer Zimmer zurückziehen und die Tür hinter euch zumachen. Aber das Abräumen geschieht ohne Hexerei, wenn ich bitten darf."

„Bleib nur sitzen, Bibi!" Tina sprang eilfertig auf. „Ich mach das schon."

„Wieso? Was ist mit Bibi?" Frau Martin schüttelte verständnislos den Kopf. „Wieso kann sie nicht?"

„Natürlich kann sie!"

Die kleine Hexe schob den Stuhl, auf dem sie saß, und den Schemel, auf dem ihr verletztes

134

Bein lag, zurück und sprang auf. „Ich helfe natürlich beim Abräumen. Ich kann das gut, sogar mit Hüpfen! Das ist nämlich eine neue Trainingsmethode, das kräftigt die Schenkel! Komm, Tina, mach mit!"

Der armen Tina Martin blieb nichts anderes übrig, als Bibis Spielchen mitzuspielen und ebenfalls auf dem linken Bein durch die Küche zu hüpfen. Dabei grinsten die Mädchen albern und balancierten ihr Geschirr hinüber zum Spülbecken. Plötzlich aber machte Bibi eine falsche Bewegung, stieß ein gestöhntes „Aua!" hervor und verzog schmerzhaft das Gesicht. Augenblicklich vergaß Frau Martin ihren Ärger und wurde sogar ein wenig unruhig. Das Kind war doch nicht am Ende krank?

„Nein, nein, mir fehlt nichts!", beteuerte Bibi. „Ich habe nur ein bisschen Halsschmerzen. Vor allem beim Schlucken." Sie räusperte sich einige Male, schluckte übertrieben kräftig, und als dabei ihr Kehlkopf in Bewegung geriet, setzte sie sogleich eine Leidensmiene auf.

135

„Wenn du Halsweh hast, solltest du dich wirklich ins Bett legen", empfahl Frau Martin. „Nicht nur, weil ich es vorhin gesagt habe, sondern weil Bettwärme hilft. Vielleicht brütest du ja etwas aus. Ich mache schnell mit Tina die Küche fertig, und dann bringe ich dir einen Kamillentee."

Da Bibi ja nicht sterbenskrank war, wandte sich Frau Martin wieder ihrer Hausarbeit zu, und es gelang Bibi, ohne großes Aufsehen zu erregen, die Treppe zum Obergeschoss hinaufzuhumpeln. In Tinas Zimmer, das sich die beiden Mädchen teilten, fiel sie vor lauter Erschöpfung wie ein Mehlsack auf ihr Bett. Erst nach einer Weile gelang es ihr, aus ihrer Kleidung zu schlüpfen und sich einigermaßen bequem hinzulegen.

Als sie Frau Martin schließlich nach oben kommen hörte, deckte sie sich bis zum Hals zu und schniefte und hustete zum Gotterbarmen. Ihr verletztes Bein, das um den Knöchel herum inzwischen ziemlich dick geworden war, hatte sie gut zugedeckt. In den Mund

steckte sie sich ein Fieberthermometer, wie sie es manchmal in Witzzeichnungen gesehen hatte. Tinas Mutter stellte die Teekanne samt Tasse ab, befühlte voller Mitleid Bibis Stirn, las das Thermometer ab, stellte aber fest, dass das „arme Kind" keine Temperatur hatte, und verschwand wieder. Kurz darauf tauchte Tina auf. Sie schlug die Bettdecke zurück und stieß einen leisen Pfiff aus.

„Donnerwetter! Das sieht ja toll aus. Geprellt? Verstaucht? Bänderriss? Bänderzerrung? Ich glaube, du kannst es dir aussuchen. Auf jeden Fall wird dein zartes Füßchen bald in allen Regenbogenfarben schillern!"

„Mir machst du keine Angst!", erwiderte Bibi tapfer und versuchte, das Bein so wenig wie möglich zu bewegen. „Das ist nur eine leichte Prellung. Die sieht schlimmer aus, als sie ist. Papi hat so was auch schon gehabt, als er mit seinen Fußballerfreunden zum Kicken war."

„Schön für ihn", meinte Tina sarkastisch. „Aber eine Prellung tut ekelhaft weh und dauert, bis sie abheilt. Das Turnier kannst du dir abschminken! Wir sollten lieber unseren Hausarzt kommen lassen."

„Niemals!", rief Bibi empört und setzte sich kerzengerade auf. „Stell dich doch nicht so an, ich weiß gar nicht, was du hast. Natürlich mache ich das Turnier mit. Schließlich sitze ich ja auf Sabrina, und mein Pferd läuft, nicht ich. Auaaa!"

Bibi hatte in ihrer Erregung eine falsche Bewegung gemacht, und der Schmerz war ihr durch das ganze Bein gezuckt.

„Keinen Arzt!", entschied sie tapfer. „Auf keinen Fall! Ich hab's! Ich hexe mir kalte Umschläge, die helfen bestimmt. Auf jeden Fall schaden sie mir nicht. *Eene meene um mein Bein soll ein kalter Umschlag sein! Hex-hex!* So, jetzt geht es mir gleich viel besser."

Sie lehnte sich aufatmend in ihre Kissen zurück und betrachtete stolz die elastische Binde, um die kalte, feuchte Tücher gewickelt waren. Hatte sie das nicht super hingekriegt?

„Am besten wäre es natürlich, wenn man Umschläge mit einem Kräutersud macht.

Meine Mami kennt sich mit Heilkräutern sehr gut aus, die könnte ich ... Nee, doch nicht!" Sie hielt sich die Hand vor den Mund. „Mami darf von meinem Unfall nichts erfahren."

„Na, du bist ja gut!", meinte Tina mitleidig lächelnd. „Verrate mir doch mal bitte, wie du das tagelang vor ihr geheim halten willst. Und vor allem vor meiner Mutter. Die ist doch nicht blöd!"

„Ach was!", brauste Bibi auf. „Tagelang! Tagelang! Morgen früh ist alles wieder in Ordnung, und ich springe herum wie Knuddel auf der Koppel!"

Am nächsten Morgen war leider gar nichts in Ordnung. Wie von Tina vorausgesagt, hatte sich Bibis Knöchel wunderhübsch verfärbt und schillerte blau und grün. Die Schwellung hatte sogar noch ein kleines bisschen zugenommen. Wie sollte Bibi damit Frühdienst machen? Auf einem Bein durch den Stall hüpfen und die Boxen ausmisten? Nein, das kam nicht infrage. Also musste sie ihre Erkältung erst einmal weiterspielen. Als Frau Martin zu ihrem ersten Krankenbesuch erschien, hatte sich Bibi bereits die Nase rot gerubbelt und das Fieberthermometer hochgehext. Nicht zu hoch, aber ein bisschen Temperatur machte sich ganz gut bei einer Erkältung.

„Na, Bibilein, wie geht's dir heute?", fragte Tinas Mutter mitfühlend. „Hast du Fieber?"

„Ein bisschen", gab Bibi eilig zur Antwort. „Knapp achtunddreißig Grad. Ich hab's gerade gemessen. Ist aber nicht schlimm."

„Trotzdem. Du bleibst heute wohl besser im Bett. Wenn man krank ist, ist man krank und sollte sich auskurieren. Wenn du dir eine Erkältung eingefangen hast, steckst du am Ende vielleicht noch die Ferienkinder an. Tina soll den Frühdienst machen. Tinaaa!"

Ihre Tochter kam gleich beim ersten Rufen hochgesaust und erklärte sich natürlich sofort bereit, für Bibi einzuspringen.

„Null problemo", meinte sie lässig. „Anschließend mache ich mich dann auf den Weg nach Falkenstein und kümmere mich um die Auslosung."

141

„Au ja, tu das!", meinte Bibi eifrig. „Bibi Blocksberg auf Sabrina, wie immer!"

„Gut", sagte Frau Martin und wandte sich zum Gehen. „Dann wäre das erledigt. Ich brühe dir jetzt eine Kanne Lindenblütentee auf, die trinkst du und schwitzt dann tüchtig. Die alten Hausmittel sind in meinen Augen immer noch das Beste."

Als die Mädchen allein waren, entschuldigte sich Bibi bei Tina für die Umstände, die sie ihr machte. Aber Tina hatte heute ihren großzügigen Tag.

„Das ist kein Problem für mich. Wenn jemand hier Probleme hat, dann bist du es mit deinem Bein. Du solltest dir schleunigst neue Umschläge hexen. Denn wenn es damit nicht besser wird, müssen wir doch noch den Arzt holen. Vielleicht ist ja unser alter Pferdedoktor, das ‚Eichhörnchen', in der Nähe", setzte sie feixend hinzu.

„Bloß nicht!" Bibi musste lachen. „Doktoren verbieten einem immer alles, und ich kriege bestimmt das Turnier verboten. Mannomann!

Dass das passiert ist! Ich muss doch trainieren, jede Stunde ist für mich wichtig. Warum hat dieser blöde Freddy auch unbedingt durch den Wald fahren müssen. Ich könnte ihn in der Luft zerreißen!"

Der Krankenbesuch

Dazu sollte Bibi bald Gelegenheit haben, falls sie es wirklich ernst gemeint hatte. Freddy, der Unglücksrabe, tauchte nämlich zwei Stunden später, als Tina bereits unterwegs nach Falkenstein war, auf dem Martinshof auf. An Arm und Bein trug er immer noch den Verband, den Bibi ihm drangehext hatte, und seine Wangen zierten zwei Pflaster. Ein wenig unschlüssig stand er im Hof herum und drehte verlegen einen Blumenstrauß in den Händen. Keinen Strauß aus dem Laden mit exotischen Zuchtblumen, sondern einen selbst gepflückten Strauß aus Wiesenblumen. Nanu? Wandelte Freddy auf Freiersfüßen, oder wollte er einen Krankenbesuch machen? Genau das fragte sich Frau Martin, als sie mit einer vollen Milchkanne über den Hof kam. Sie blieb stehen und musterte den Besucher von oben bis unten, dann blieb ihr Blick an den Verbänden hängen.

„Freddy! Was verschafft uns die Ehre deines Besuches? Was ist denn mit deinem Arm und deinem Bein passiert?"

„Das ist von dem Unfall, dem Zusammenstoß. Wie geht es denn Bibi?"

„Bibi? Na ja, wie es einem eben so geht, wenn man erkältet ist. Leichtes Fieber, Schnupfen …"

„Echt? Das auch noch? Und was ist mit dem Bein?"

„Das Bein? Was soll mit ihrem Bein sein?" Frau Martin schüttelte verständnislos den Kopf, dann aber glaubte sie zu verstehen. „Ach, du meinst, dass ihr das Fieber in die Knochen gefahren ist? Nein, von Gliederschmerzen hat sie nichts gesagt. Woher weißt du eigentlich von Bibis Erkältung?"

„Woher?" Freddy druckste herum. „Wir … äh … wir haben uns gestern im Wald getroffen,

145

und da hat sie … da hat sie … immer so geniest."

„Aha." Für Frau Martin war der Fall klar. „Und jetzt willst du sie wohl besuchen und ihr ein paar Blümchen bringen, nehme ich an? Bist ja ein richtiger Kavalier. Na, dann geh mal rein. Sie liegt im ersten Stock. Du kannst sie nicht verfehlen."

Als Bibi Schritte auf der Treppe hörte, nahm sie hastig einen großen Schluck Tee, hexte das Thermometer wieder hoch und deckte das schmerzende Bein schnell mit der Decke zu. Sie hatte Frau Martin erwartet und staunte nicht schlecht, als plötzlich Freddy mit seinen Wiesenblumen in der Tür stand.

„Du? Was willst du denn hier?"

Freddy überreichte ihr mit einer linkischen Bewegung die Blumen.

„Bist du wirklich krank?", fragte er.

„Nein, bin ich nicht. Aber das mit dem Bein geht keinen was an. Es ist blöd gelaufen. Du hast nicht aufgepasst, und ich habe nicht aufgepasst. Entweder keiner hat Schuld, oder

jeder von uns beiden hat Schuld. Wozu sollen wir ein großes Theater aus der Sache machen?"

„Das finde ich echt toll von dir, dass du mich nicht verpetzt." Freddy war richtig gerührt. „Das ist das erste Mal, dass jemand so was sagt. Sonst hacken die anderen immer auf mir rum. Ich bin ja sonst immer an allem schuld!"

Da wird schon was dran sein, dachte Bibi, behielt es aber für sich. Stattdessen erkundigte sie sich teilnahmsvoll nach seinem Wohlbefinden.

„Was machen deine Hautabschürfungen?"

„Geht so. Am Anfang hat es höllisch gebrannt, aber deine Verbände sind echt super. Es tut kaum noch weh."

„Sei froh. Meine Umschläge helfen leider gar nicht. Das ist ganz blöd, weil ich spätestens morgen wieder trainieren muss."

„Bibi, sei doch vernünftig!" In Freddys Stimme klang ernst gemeinte Besorgnis mit, und außerdem hatte er ein schlechtes Gewissen. „Du gehörst dringend in ärztliche Behandlung.

Vielleicht hast du dir gar was gebrochen und musst ins Krankenhaus. Dort würde ich dich auch besuchen. Jeden Tag."

„Das fehlte mir noch!", meinte Bibi trocken. „Nee, du, halte mir bloß keine Vorträge. So was kann mein Papi viel besser. Und wenn du ein schlechtes Gewissen hast, vergiss es! Es gibt keinen Grund dafür."

„Okay." Freddy war beruhigt. „Auf jeden Fall verrate ich nichts von dem Unfall und dem Bein. Ich halte dicht. Willst du … willst du die Blumen haben?"

Er wurde ein wenig rot, als er Bibi den Strauß hinhielt.

„Okay", meinte sie großzügig. „Wenn du sie schon mal gepflückt hast …"

Freddy kümmerte sich richtig rührend um Bibi. Er besorgte eine Vase für den Strauß und stellte sie ans Fenster. Er bot ihr an, die Kissen aufzuschütteln, und nahm ihr das Versprechen ab, dass sie ihm sofort Bescheid sagen würde, wenn er ihr irgendwie helfen konnte. Bibi fand das alles sehr nett, und er meinte es bestimmt

149

ehrlich, aber als er sich endlich verabschiedete, stieß sie einen langen Seufzer der Erleichterung aus. Freddy war sie los, jetzt hieß es warten auf Tina und die neuesten Nachrichten des Tages. Was Tina dann aber zu berichten wusste, war für Bibi dann doch ein leichter Schock.

„Was? Adalbert von Falkenstein tritt gegen mich an? Der Cousin von Alexander? Dieser eingebildete Lackaffe? Das darf nicht wahr sein!"

Doch es stimmte, wie Tina ihr versicherte. Sie hatte es schließlich auf einem Aushang gelesen: Jung-Adalbert auf seinem Fuchs Großmogul würde gegen Bibi starten. Sie war zunächst geschockt, aber dann wechselte ihre Stimmung.

„Ha!", sagte sie grimmig. „Der kommt mir gerade recht! Den hänge ich doch mit Sabrina ab wie nix! Der wird nur noch eine Staubwolke von mir sehen, der ... Auaaa!"

Bibi hatte im Bett herumgezappelt und eine dumme Bewegung gemacht. Gleich meldete sich ihre Verletzung wieder.

„So, halt doch mal dein Bein still, sonst wird es nie besser!", ermahnte Tina sie. „Wie geht's ihm denn überhaupt?"

„Besch…eiden!", stellte Bibi missmutig fest. „Aber ich trete gegen Adalbert an. Jawohl! Nur trainieren muss ich. Dringend. Wenn doch bloß Mami hier wäre, die könnte mir mit einem guten Kräuterspruch wieder auf die Beine helfen. Hexenkräuter haben es in sich."

„Warum rufst du sie denn nicht einfach an?", schlug Tina vor. „Meine Mutter kriegt nichts mit, sie ist ins Dorf gefahren. Los, komm, wir machen es jetzt gleich. Ich helfe dir."

Bibi setzte sich auf, schwang die Beine aus dem Bett, und von Tina gestützt humpelte sie langsam die Treppe hinunter ins Wohnzimmer. Sie hoffte inständig, dass ihre Mutter zu Hause war und nicht vor ihrer Hexenkugel saß. Dann nämlich, das wusste Bibi aus Erfahrung, stellte sie immer das Telefon ab, weil sie nicht gestört werden wollte. In der Kugel konnte sie andererseits ihre Tochter beobachten und dabei das schlimme Bein sehen. Deshalb beschloss

151

Bibi, ihr nichts davon zu erzählen und ihr lieber etwas vorzuflunkern. Sie wählte die Blocksbergnummer in Neustadt, und nach dreimaligem Tuten nahm ihre Mutter ab.

„Hallo, Mami! Gut, dass du da bist!", plapperte Bibi drauflos. „Eine kurze Frage, ich mach's ganz schnell: Tinas Freundin ist vom Pferd gefallen und hat sich den Fuß verknackst. Kannst du mir einen guten Hexspruch sagen?"

Statt einer Antwort kam eine Gegenfrage: „Ist der Fuß schlimm verknackst?"

„Ja, ja, ziemlich. Dick und blau und grün. Und er tut sehr weh. Das sagt Tinas Freundin!", fügte Bibi eilig hinzu.

„Tja, dann sollte Tinas Freundin schnellstens einen Arzt aufsuchen. Der weiß dann schon, was zu tun ist."

„Aber ich möchte ihr jetzt helfen, Mami. Die Arme hopst auf einem Bein herum und jammert."

„Na gut, ich helfe ja gern, aber für einen Kräuterspruch müsste ich das Mädchen hier haben, um die Kräuter auflegen zu können.

153

Merk dir erst einmal den hier: *Eene meene dickes Bein, Schmerzen werdet winzig klein.* Aber der Spruch hilft nur am Anfang, als Erste Hilfe sozusagen. Tinas Freundin sollte aber auf jeden Fall zum Arzt gehen und …"

„Danke, Mami!", unterbrach Bibi sie. „Küsschen und tschüss!" Sie legte auf.

„Also, Tina, einen Kräuterspruch habe ich nicht, aber der hier soll auch helfen. *Eene meene dickes Bein, Schmerzen werdet winzig klein! Hex-hex!*"

„Na, besser?", fragte Tina neugierig. „Kannst du auftreten?"

„Ja, viiiel besser. Warte, ich probier's mal."

Bibi schob den Stuhl zurück, auf dem sie gesessen hatte, und machte ein paar vorsichtige Schritte. „Geht so halbwegs. Ich spüre, dass der Fuß nicht okay ist, aber die Schmerzen sind jetzt nicht mehr der Rede wert. Die kann ich leicht aushalten. Also, dann mal los!"

„Die Treppe rauf, zurück ins Bett?"

„Nö!" Bibi grinste breit. „In den Stall, Sabrina

154

satteln. Und dann nichts wie ab zum Training! Ich habe unheimlich viel Zeit verloren, die muss ich doch wieder reinholen."

„Bist du jetzt total übergeschnappt?", empörte sich Tina. „Du, das sage ich dir gleich: Da mache ich nicht mit!"

„Na, du bist mir ja eine! Du willst meine beste Freundin sein?", sagte Bibi enttäuscht. „Aber bitte sehr, wenn du mir nicht helfen willst, dann rufe ich eben Freddy an. Der soll mir helfen. Der hat mir sowieso das Blaue vom Himmel versprochen."

Sosehr Tina auch bettelte und sogar schimpfte, Bibi blieb stur. Sie hatte nur das Turnier im Kopf. Jetzt, wo sie wusste, dass Alexanders schnöseliger Cousin ihr Gegner sein würde, hatte sie der Ehrgeiz noch mehr gepackt.

Mit einem Hexspruch war sie angezogen, mit einem zweiten sattelte sie Sabrina, und kurz darauf preschte sie auch schon los. Tina blieb kaum Zeit, ihren Amadeus fertig zu machen. Schließlich schaffte sie es aber doch,

Bibi einzuholen. Die kleine Hexe hatte ihr anfängliches Tempo gezügelt und wartete bei der Alten Eiche auf ihre Freundin.

„Also, Tina, du stoppst meine Zeit. Du hast doch die Uhr dabei, oder? Gut, dann ist der Start hier an der Eiche, und das Ziel ist die Kreuzung am Weg zu der Alten Mühle."

„Mensch, Bibi, lass doch den Quatsch! Das bringt's doch nicht. Wie willst du denn Sabrina Schenkeldruck geben? Du musst doch Knöchel und Knie schonen. Stell dir bloß vor, es passiert noch mal was!"

„Bla! Bla! Bla! Bla!", lästerte Bibi. „Red nicht lange rum, sondern nimm die Stoppuhr zur Hand. Ich will wissen, ob ich unseren letzten Rekord halten kann. Also, ich bin bereit! Hüh, Sabrina!"

Die Stute trabte an und fiel gleich darauf in einen scharfen Galopp. Tina schüttelte über so viel Dummheit verzweifelt den Kopf, aber was blieb ihr anderes übrig, als ihrer Freundin auf Amadeus zu folgen? Bibi war voll bei der Sache, und als Tina sie einholte, rief sie

156

ihr begeistert zu: „Jawohl! Schneller, Tina! Du musst mich hetzen! Sabrina braucht das!"

„Aber nur bis zur Kreuzung, das reicht!"

„Okay, abgemacht!"

Bibi legte sich schwer ins Zeug. Vergessen war der Sturz vom Vortag, vergessen waren die Schmerzen, jetzt dachte sie nur an das Turnier und ihre Bestzeit. Als sie schließlich bei der Kreuzung ankam, stieß sie einen kleinen Freudenschrei aus, zügelte dann ihre Sabrina und lobte sie über den grünen Klee. Sie wendete ihre Stute, um Tina zu empfangen, da bemerkte sie aus den Augenwinkeln eine ihr bestens bekannte Gestalt, die sich halb hinter einem Baum versteckte. Freddy, der „Sheriff"!

„Komm ruhig raus!", forderte Bibi ihn fröhlich auf. „Meine Sabrina beißt nicht."

„Heiliger Strohsack!", entfuhr es Tina, als sie heran war. „Der schon wieder! Mann, du störst! Was machst du hier überhaupt so ganz allein ohne deine Mami? Du wirst dich noch verlaufen."

157

„Das geht dich gar nichts an!", entgegnete Freddy patzig. Er war ein wenig rot geworden und versuchte, die Blumen hinter seinem Rücken zu verbergen, die er gerade gepflückt hatte.

„He! Fangt nicht wieder an, euch zu kabbeln!", fuhr Bibi dazwischen. Jetzt gab es für sie Wichtigeres. „Hast du meine Zeit gestoppt, Tina?"

„Ja, habe ich. Genau zwanzig Sekunden weniger als deine bisherige Bestzeit auf dieser Strecke."

„Ist ja super!", freute sich Bibi. „Hey, Sheriff, du darfst mir gratulieren. Die Blumen hast du ja schon dabei."

„Ich gratuliere dir nicht, und die Blumen bekommst du nur, wenn du vernünftig im Bett liegst und dein Bein ruhig hältst." Freddy schlug einen energischen Ton an. „Vergiss endlich dieses Herbstrennen!"

„Ich höre schon wieder ‚vernünftig'!" Bibi schaute reichlich angewidert. „Was anderes fällt dir wohl nicht ein, was? Du solltest mal

158

deinen Wortschatz ein bisschen erweitern, Freddy-Schätzchen!"

„Aber wenn er doch recht hat!", pflichtete Tina bei. „Ich bin ausnahmsweise mal seiner Meinung, Bibi. Vergiss das Rennen! Es läuft dir nicht weg. Nächstes Jahr findet wieder eins statt."

„Ich vergesse gar nichts!" Bibi wurde jetzt ausgesprochen bockig. „Und wer weiß, was nächstes Jahr ist? Kinder, kapiert doch, dass ich für Sonnabend trainieren muss. Ich habe einen verdammt starken Gegner. Dieser Adalbert ist so eingebildet, der bringt es fertig und gewinnt vielleicht vor lauter Einbildung. Und das will ich unbedingt verhindern, ich muss … Ahhhhh!"

Bibi hatte eine falsche Bewegung mit ihrem rechten Bein gemacht, und der Schmerz war ihr jetzt durch den ganzen Körper geschossen. Der schmerzstillende Spruch hatte wohl nachgelassen. Ein zweites Mal so kurz hintereinander konnte sie ihn leider nicht anwenden, das wusste sie. Ihr Knöchel tat auf einmal

wieder so weh, dass sie sich ohne großen Wi-
derstand von Tina und Freddy überreden ließ,
zum Martinshof zurückzureiten. Im gemächlichen Schritttempo natürlich, denn jede star-
ke Erschütterung spürte sie bis in den großen
Zeh.

Als sie schließlich durch das Hoftor ritten,
verzog Bibi das Gesicht und sog scharf die Luft
ein. Sie versuchte, sich auf Sabrinas Rücken
ganz klein zu machen, denn vor der Haustür
des Wohngebäudes stand – Frau Martin. Sie
blickte alles andere als fröhlich drein. Langsam ritten Bibi und Tina auf sie zu, begleitet
von Freddy zu Fuß wie von einem Knappen.

Die Wahrheit kommt heraus

„Ja, sagt mal! Seid ihr denn total verrückt geworden?", begann Frau Martin ihre Schimpfkanonade. „Erst mit Fieber im Bett liegen und dann rausspringen und reiten! Sich überanstrengen, schwitzen und wieder abkühlen! Kann man euch denn keinen Augenblick allein lassen? Und du, Tina, bist natürlich auch dabei, du musst diesen Leichtsinn auch noch unterstützen. Bibi! Sofort runter vom Pferd!"

„Wer? Ich?" Die kleine Hexe stellte sich dumm und lächelte gequält. „Och nö, ich sitze hier gerade so schön. Ich ruhe mich lieber noch ein bisschen auf Sabrinas Rücken aus."

„Du steigst sofort ab!", befahl Frau Martin.

Der scharfe Tonfall ließ Tina zusammenzucken, die sofort von Amadeus stieg und einen Schritt auf die weiße Stute zumachte.

„Warte, Bibi, ich helfe dir."

„Seit wann muss man ihr beim Absitzen helfen?", fragte Frau Martin argwöhnisch. „Los jetzt, Bibi, das kannst du auch allein."

Nun musste Bibi sozusagen in den sauren Apfel beißen. Unbeholfen und ungeschickt quälte sie sich aus dem Sattel und ließ sich dann zu Boden rutschen. Als sie mit dem verletzten Fuß auftrat, stieß sie einen unterdrückten Schmerzensschrei aus und hielt das Bein abgewinkelt zur Seite.

„Um Himmels willen, Kind! Was ist denn los mit dir?" Frau Martin erschrak. „Was ist mit deinem Fuß? Hast du dich verletzt? Tina, steh nicht rum! Hilf deiner Freundin! Dort hinüber, zur Bank!"

„Ich habe mich wohl ein bisschen überanstrengt und wieder Fieber gekriegt", murmelte Bibi entschuldigend, aber es klang nicht sehr echt. Sie ließ sich mit einem Seufzer auf

163

die Bank plumpsen und saß nun da wie ein kleines Häufchen Elend.

Frau Martin zog ihr den Reitstiefel und die Socke vom Fuß und konnte nun den geschwollenen und verfärbten Fuß in all seiner Pracht bewundern.

„Jetzt wird mir alles klar", sagte sie. Ihr Zorn war verraucht, jetzt war sie wieder ganz die besorgte Pflegemutter, deren Pflegekind erkrankt war. „Das mit der Rumhopserei gestern in der Küche, das war ja das reinste Kasperletheater. Und ich war so dumm und bin drauf reingefallen. Also, jetzt mal raus mit der Sprache, ihr beiden. Was ist passiert?"

Nun, da die Wahrheit ans Licht gekommen war, berichteten Bibi und Tina in allen Einzelheiten von dem Beinahe-Zusammenstoß mit dem Mopedbürschchen Freddy, wie Bibi die Verletzung wegen des bevorstehenden Turniers verheimlichen wollte und wie sie die fiebrige Erkältung erfunden und das Fieberthermometer hochgehext hatte. So, jetzt war es heraus, und Bibi fühlte sich gleich viel leichter.

165

Sie ließ sich von Tina und ihrer Mutter nach oben tragen, ließ sich ausziehen und plumpste mit einem zufriedenen Seufzer in ihr weiches Bett. Endlich liegen! Das schmerzende Bein ausruhen! War das eine Wohltat!

„So!", meinte Frau Martin abschließend. „Nachdem das jetzt auch erledigt wäre, rufe ich gleich unseren Doktor Brüse an. Der soll herkommen und sich das Bein anschauen. Er allein kann entscheiden, ob wir dich zum Röntgen in die Stadt fahren müssen oder ob ..."

„Wir den Fuß abschneiden müssen!", ergänzte Tina vorlaut, worauf sie sich einen missbilligenden Blick von Mutter und Freundin einhandelte.

„Nein, keinen Arzt, bitte!", jammerte Bibi. „Der steckt mich bestimmt ins Krankenhaus, und dann muss ich dort wochenlang liegen und bekomme immer bloß Brei zu essen und ... Mami?"

Sie fuhr hoch. Ihre empfindlichen Ohren hatten ein sehr leises Geräusch vernommen, das in kürzester Zeit immer lauter wurde.

166

„Mami!", rief Bibi kläglich und glücklich zugleich. „Da kommt meine Mami! Jetzt wird alles wieder gut!"

Nun hörten auch Frau Martin und Tina das Geräusch, das eindeutig von einem landenden Hexenbesen herrührte. Das Geräusch erstarb, man hörte Schritte im Flur, dann auf der Treppe, und im nächsten Augenblick stand auch schon Barbara Blocksberg in der Tür.

„Hallo, zusammen!", rief sie fröhlich und wischte sich eine Haarsträhne aus dem erhitzten Gesicht. Mit einem Blick erfasste sie die Situation und war mit ein paar Schritten am Bett ihres Töchterchens. Bibi umschlang ihre Mutter mit den Armen und drückte sie fest an sich.

„Mami! Meine liebe Mami!", murmelte sie unter Tränen der Freude und des Schmerzes. „Hilf mir bitte! Mach mich wieder gesund!"

Frau Martin war ein wenig unbehaglich zumute, denn schließlich hatte sich Bibi unter ihrer Obhut verletzt. Hoffentlich machte ihr Bibis Mutter keine Vorwürfe, dass sie ihrer Aufsichtspflicht nicht nachgekommen war.

„Ach, wie gut, dass Sie gekommen sind, Frau Blocksberg!", sagte sie eifrig. „Ich bin selbst ganz überrascht von der Situation, die Sie hier vorfinden, aber ich habe von Bibis Verletzung erst vor ein paar Minuten erfahren."

„Da geht es mir nicht anders", beruhigte sie Barbara Blocksberg. „Ich habe es vorhin auch erst in meiner Kristallkugel gesehen und bin dann natürlich gleich losgeflogen. Von wegen: ‚Tinas Freundin ist vom Pferd gefallen!' Dass ich nicht lache! Ich bin leider nicht früher draufgekommen, dass hier was nicht gestimmt hat. Obwohl mich Bibis seltsamer Unterton am Telefon doch irgendwie stutzig gemacht hat."

„Aber es hat doch gestimmt!", protestierte Tina. „Bibi ist nun mal meine Freundin. Sie hat also nicht gelogen am Telefon."

„Also, was mich betrifft, ich rufe jetzt gleich mal unseren Doktor Brüse an!", entschied Frau Martin. „Wenn es eine Prellung ist, die geht vielleicht von allein wieder weg. Aber ein Bruch? Nein, der muss behandelt werden."

„Da bin ich völlig Ihrer Meinung", meinte Barbara Blocksberg. Augenblicklich jedoch hob Bibi ein großes Gejammer und Gezeter an, als würde im nächsten Moment der Himmel einstürzen.

„Es ist kein Bruch! Es ist bloß eine Prellung! Das musst du mir glauben, Mami!", rief sie weinerlich. „Wenn ich nicht bei dem Herbstturnier mitmache, wird dieser Adalbert von Falkenstein bestimmt überall herumerzählen, dass ich mich nicht traue, gegen ihn anzutreten, und dass ich ein Feigling bin!" Bibis letzte Worte gingen in einem kleinen erstickten Schrei unter.

„Jetzt hör mal auf zu jammern!", forderte ihre Mutter die kleine Patientin auf. Langsam ging ihr Bibis Getue auf die Nerven. „Vergiss mal dein Turnier und zeig mir dein Bein. Vielleicht kann ja auch ich feststellen, ob was gebrochen ist."

Gebrochen? Dieses Wort gab es für Bibi heute nicht. Ihre Stimmung schlug schon im nächsten Moment um, und sie krähte fröhlich:

170

„Meine Knochen sind alle bestens! Da fehlt nix dran! Wollt ihr mal sehen?"

Sie schlug die Bettdecke zur Seite und spreizte die Beine.

„Eene meene Straßenschild, zeige mir mein Röntgenbild! Hex-hex!"

Tina und ihre Mutter blickten einander verwirrt an. Was sollte das schon wieder heißen?

„Hex-hex! Hex-hex!", wiederholte Bibi ungeduldig. „Nun mach schon! Mami, hilf mir doch mal. Das hast du doch auch gehext, als Papi sich den Daumen eingeklemmt und steif und fest behauptet hat, er wäre mindestens ein Dutzend Mal gebrochen."

„Ja, habe ich", antwortete Barbara Blocksberg trocken. „Aber so wird das nichts. Du musst schon besser aufpassen. ,Ritterschild' heißt es. ,Ritterschild', mein Kind."

„Also gut. *Eene meene Ritterschild, zeige mir mein Röntgenbild! Hex-hex!"*

„Iiiih!", kreischte Tina, als plötzlich anstelle ihrer Freundin ein blasses Skelett im Bett lag. „Bist du das wirklich, Bibi?"

„Na, klar doch!", antwortete das Skelett quietschvergnügt. „Bin ich nicht hübsch? Da, seht selbst: Zwei schöne, gerade Beine. Kein Bruch, kein Knick, kein Knack! Aaadalbeeert! Ich kooomme!"

Nun reichte es aber. Ein kurzer, knapper Blick aus den Augenwinkeln ihrer Mutter, und Bibi hielt schleunigst den Mund. Sie wusste, dass es ihre Mutter gar nicht schätzte, wenn ihre Tochter die Herumalberei und Herumkasperei übertrieb. Bibi hexte sich deshalb auch schleunigst in ein Wesen aus Fleisch und Blut zurück. Schließlich hatte sie erreicht, was sie wollte: nämlich die Anwesenden davon überzeugen, dass nichts gebrochen war. Na, und eine Verstauchung oder Prellung konnte ihre in solchen Dingen erfahrene Hexenmutter allemal kurieren. Und womit? Mit Hexenkräutern natürlich!

172

Bibi dauert alles viel zu lange

Tina Martin bekam einen kostenlosen Rundflug auf Barbara Blocksbergs Hexenbesen Baldrian, denn Bibis Mutter brauchte Unterstützung und Hilfe beim Kräutersammeln. So stiegen die beiden auf Baldrians Rücken, und ab ging es in Richtung Steinbruch. Hier war die Natur noch intakt, hier waren keine Pflanzen ausgerupft oder untergepflügt, hier durfte alles kreuz und quer wachsen. Der Steinbruch war für eine Hexe der ideale Fundort für ihre Kräuter. Geistesabwesend murmelte Barbara Blocksberg vor sich hin, als sie sich ihren Weg über Steine und durch dorniges Gestrüpp bahnte. Sie blieb mal hier, mal da stehen, pflückte diese Blüte und jenes Blättchen und legte alles fein säuberlich in einen Korb, den ihr Tina geduldig hinterhertrug.

Aus der Küche des Martinshofes wurde nach der Rückkehr der beiden eine regelrechte Hexenküche. Barbara Blocksberg wusch und hackte die gesammelten Kräuter, trocknete sie im Ofen oder weichte sie in warmem Wasser ein. Anschließend kochte sie aus allen Zutaten einen dicken Brei, der nicht einmal schlecht roch, wie Tina zugeben musste. Dazu murmelte sie verschiedene Hexsprüche und klatschte den Brei löffelweise auf feuchte Tüchter. Diese Kräuterumschläge kamen dann auf Bibis schmerzendes Bein. Nun hieß es warten, bis die Heilung eintrat.

Bibi verhielt sich mustergültig, blieb liegen und schonte sich, so gut sich ein zappeliges Mädchen eben schonen konnte. Der erste Tag nach Barbara Blocksbergs Ankunft verging, und Bibi muckte nicht auf. Am nächsten Morgen wurden die Verbände erneuert. Die Schwellung war bereits ein bisschen zurückgegangen, aber reiten? Bei einem Turnier?

„Das ist ein Ding der Unmöglichkeit!", meinte Frau Martin, als sie gegen Mittag nach ihrer kranken Patientin sah. Bei Bibi saßen die Tränen schon wieder locker, und sie wurde mit jeder Stunde nervöser.

„Schätzchen, du musst einfach Geduld haben!", versuchte ihre Mutter sie zu trösten, „Wieso bist du auch so versessen auf diesen Wettkampf?"

„Geduld! Geduld!", greinte Bibi. „Heute ist schon Freitag, und in gut vierundzwanzig Stunden geht der Wettkampf los! Und ich soll nicht dabei sein? Kannst du mich nicht verstehen, oder willst du mich nicht verstehen, Mami?"

Barbara Blocksberg zuckte verlegen mit den Schultern, da kam Frau Martin der kleinen Hexe zu Hilfe.

„Ich weiß, was in Bibi vorgeht. Alle Stadtkinder haben den großen Ehrgeiz, den Einheimischen zu zeigen, dass sie auch gut reiten können."

„Gut?", empörte sich Bibi. „Besser! Zehnmal besser! Auf jeden Fall besser als dieser

175

Schnösel Adalbert. Wie er sein Pferd auch schon genannt hat: Großmogul!" Dann wechselte sie das Thema und wandte sich an ihre Mutter: „Mami, ich glaube, dass mein Bein schon wieder in Ordnung ist. Deine Umschläge sind super, die helfen ganz toll. Ich kann ja für alle Fälle noch einen Tag ganz ruhig liegen bleiben und dann …"

„Tja, dann müsste das Schlimmste eigentlich überstanden sein", machte Barbara ihrer Tochter Mut. „Ich bin froh, dass du vernünftig bist und einsiehst, dass du dich unbedingt schonen musst. Also, ich geh dann mal wieder runter in die Küche und bereite neue Umschläge vor. Tina und ich haben ja so viele Kräuter gesammelt, die müssten reichen, um die ganze Fußballmannschaft von Falkenstein zu verarzten."

Wie auf ein Stichwort kam in diesem Moment Tina ins Zimmer gestürmt. Sie hatte in den letzten Stunden Sabrina tüchtig trainiert und konnte Bibi stolz berichten, dass ihre geliebte Stute Superzeiten lief.

„Und was ist mit dir?", fragte sie neugierig. „Darfst du aufstehen? Kannst du aufstehen?"

„Ja", antwortete Bibi. „Bis zum Turnier übermorgen bin ich wieder auf dem Damm."

„Übermorgen?" Tina runzelte die Stirn. „Heute haben wir meines Wissens Freitag, und das Turnier findet am Samstag statt. Also morgen. Es hängen ja überall die Plakate herum."

„Die können von mir aus gern hängen bleiben", meinte Bibi und grinste spitzbübisch. „Aber es wird überall ein Aufkleber drauf sein. So schräg drüber. Knallrot. Das Turnier findet nämlich erst übermorgen statt. Es ist verschoben worden."

„Das ist mir neu!", meinte Tina verblüfft. „Wer hat das veranlasst?"

„Ich!", rief Bibi. *„Eene meene Juwelier, am Sonntag startet das Turnier! Hex-hex!"*

„Donnerwetter!" Tina war beeindruckt. „Kein schlechter Trick. Und du meinst, das haut hin?"

„Es hat schon hingehauen!", erklärte Bibi lässig. „Kannst ja mal durch die Gegend reiten und die Plakate inspizieren, ob ich keins vergessen

177

habe. Wenn du weg bist, lass ich für alle Fälle noch mal meinen Hexspruch los. Doppelt gemoppelt hält besser ... äh ... klebt besser!"

Also machte sich Tina auf den Weg. Bibi las ein bisschen und nickte bald darauf über ihrem Buch ein. Nach einer guten Stunde war Tina wieder zurück. In der Küche traf sie ihre Mutter und Bibis Mutter bei einem gemütlichen Schwätzchen. Frische Kräuter dampften auf dem Herd, und in den Tassen der beiden Frauen dampfte frisch aufgebrühter Kaffee.

„Vielleicht hat Bibi ja doch noch eine Chance!", platzte Tina heraus. „Das Turnier ist um einen Tag verschoben worden. Auf Sonntag."

„Wieso? Wer sagt das?" Frau Martin runzelte ungläubig die Stirn.

„Ich sage es, Mutti!", entgegnete Tina eifrig. „Ich habe beim Ausreiten gesehen, dass ein paar Plakate mit einem roten Streifen überklebt worden sind. Na, und da habe ich mich noch weiter umgesehen, und siehe da: Auf allen Plakaten war dieser rote Überkleber."

„Auf denen stand dann wohl, dass das ach so wichtige Turnier auf den nächsten Tag verlegt worden ist?" Barbara Blocksberg kapierte den Zusammenhang sofort. „Weißt du vielleicht auch, wer das veranlasst hat?"

„Nö!" Tina machte das unschuldigste Gesicht der Welt. „Ist ja auch nicht so wichtig, oder?"

„Stimmt!" Frau Martin pflichtete ihrer Tochter bei. „Da wird schon jemand seine Gründe gehabt haben. Der Bürgermeister, der Graf von Falkenstein oder der Vorstand vom Reitverein. Oder alle gemeinsam. Sei's drum. Ob Sonnabend oder Sonntag, mir persönlich ist das egal."

Bibis Mutter Barbara jedoch war die Sache nicht ganz geheuer. Eine Verschiebung in letzter Minute sozusagen? Das war doch recht komisch. Tina bemerkte die steile Denkerfalte auf Barbara Blocksbergs Stirn und lenkte schnell ein.

„Mir ist es auch egal! Nein, es ist mir sogar sehr recht, dann kann ich nämlich noch einen

Tag trainieren, und Bibi kann bestimmt mitmachen. Yippie!"

Tinas „Yippie!" schallte so laut durch das Haus, dass Bibi davon wach wurde.

„Was macht ihr denn da unten für einen Krach?", rief sie aus dem Krankenzimmer. „Ich habe gerade so schön geträumt."

„Soll ich raten, was du geträumt hast, Hexentochter?", rief Barbara Blocksberg lachend zurück. „Du hast geträumt, dass das Herbstrennen verschoben worden ist. Stimmt's?"

Einen Augenblick lang herrschte Schweigen.

„Ja, stimmt", kam es von oben zurück. „Woher weißt du das, Mami?"

„Ach Bibi!" Barbara lächelte. „Ich kenne dich doch."

„Jetzt fällt bei mir der Groschen!" Auch Frau Martin lächelte. „Bibi! Bibi! Nicht schlecht eingefädelt, wirklich!"

„Tja, Mutti!" Tina zwinkerte ihrer Mutter zu. „Nicht schlecht, wenn man eine Hexe zur Freundin hat. Die bringt wenigstens Leben in die Bude, stimmt's?"

Ein „kleines" Problem

Dann, endlich, endlich war es so weit! Hahn Hubert begrüßte den strahlenden Sonntagmorgen mit einem herzhaften Krähen, und wie auf Kommando erwachte allenthalben das Leben auf dem Martinshof.

Bibi hatte vor Aufregung sehr unruhig geschlafen, die verrücktesten Sachen geträumt und war erst gegen Morgen in einen tiefen, erquickenden Schlummer gefallen. Sie war deshalb ein bisschen übernächtigt, fühlte sich aber dennoch topfit. Ihr erster Gedanke galt dem Herbstturnier und vor allem ihrem verletzten Bein. Bevor noch ihre Mutter das Bein begutachten konnte, war Bibi bereits aufgestanden und hatte erste Gehversuche gemacht.

Na ja, geht so, sagte sie sich, als sie vorsichtig auftrat. Sie verspürte zwar noch ein leichtes, schmerzhaftes Ziehen, aber das war gar nichts gegen den stechenden Schmerz des ersten Tages nach ihrem Unfall. Der rechte Knöchel allerdings war noch nicht so, wie er sein sollte. Damit sollte sie in einen Reitstiefel kommen? Unmöglich! Und mit einem Gipsverband erst recht nicht. Leider bestand ihre Mutter aber darauf, dass sie während des Wettkampfes einen schützenden Gips trug.

„Was sagst du da?", empörte sich Bibi. „Einen Gips? Der passt doch erst recht nicht in meinen Reitstiefel. Wozu auch? Mensch, Mami, ich sitze doch auf Sabrina, ich muss doch nicht laufen."

„Ohne Gips keine Teilnahme am Herbstturnier!" Barbara Blocksberg blieb eisern. „Das ist mein letztes Wort. Du kannst dich entscheiden, Bibi."

„Na gut, von mir aus", kam es maulend zurück. „Dann eben einen Gips. Aber nicht so was Riesiges, so was Gewaltiges. Das zieht

182

mich auf einer Seite runter, da sitze ich ja ganz schief auf Sabrina."

„Ich werde mein Bestes tun", versprach Bibis Mutter. „Aber jetzt halt mal still und zappel nicht rum … *Eene meene Bernhards Schlips, um Bibis Bein ist jetzt ein Gips! Hex-hex!"*

Kaum war das typische Hexgeräusch verklungen, fing Bibi wieder an zu jammern.

„Huch! Nein! Hilfe! Mami, wie das aussieht! So ein dicker Klopper! Tina!" Sie wandte sich an ihre Freundin, die in der offenen Tür lehnte und Mutter und Tochter halb amüsiert, halb skeptisch betrachtete. „Tina! Du machst es dir leicht, du hältst dich fein raus. Sag du doch auch mal was!"

„Na ja, Frau Blocksberg", meinte Tina gedehnt, „ich fürchte, mit diesem Gipsprügel am Bein lässt die Jury Bibi bestimmt nicht teilnehmen."

„Ha! Da hörst du's, Mami!", zeterte Bibi.

Doch Barbara ließ nicht locker. Wenn Bibi schon stur war, sie konnte noch sturer sein.

„Tut mir leid, Schatz, aber dann muss das

183

Rennen ohne dich stattfinden. Der Gips bleibt dran. Stell dir vor, es passiert irgendwas Dummes, dann darfst du womöglich wochenlang im Krankenhaus liegen. Nein, Bibi. Da mache ich nicht mit."

Punkt. Aus. Schluss. Die Hexe Barbara Blocksberg hatte gesprochen. Aber was nun? Jede der drei hatte ihre Argumente vorgebracht, und jedes Argument hatte etwas für sich. Wie aber sollte das Problem gelöst werden? Schließlich hatte Tina die rettende Idee.

„Hey! Ich weiß was. Wie wär's, wenn wir den Gipsfuß schwarz anpinseln? Dann sieht er aus wie ein Stiefel."

„Jau!" Bibi war begeistert. „Tina, das ist die Idee des Jahrhunderts! Das machen wir!"

Sie freute sich so, dass sie am liebsten sofort in ihre Reitklamotten geschlüpft und in Sabrinas Sattel gestiegen wäre. Doch ihre Mutter und Tina hielten sie zurück. Es war noch viel Zeit. Erst einmal anziehen, anschließend gemütlich und ganz ausführlich frühstücken und dann in den Stall zu den Pferden. Tina war schon vorausgeeilt und hatte Amadeus und Sabrina gebürstet, gestriegelt und aufgesattelt. Dann kam Bibi daher, von ihrer Mutter gestützt. Sie nahm auf einem Schemel Platz und streckte ihr Gipsbein vor, damit Tina es mit schwarzer Farbe anmalen konnte.

„Lass mal", wehrte Barbara Blocksberg ab. „Du bekleckerst dich womöglich noch. Mit Hexen geht es schneller und ist auch eine saubere Sache. Ich habe in den letzten Tagen hier auf dem Hof schon so viel gehext, da kommt es auf einmal mehr auch nicht an. Also: *Eene meene Glitzerquarz, Bibis Gips sei stiefelschwarz! Hex-hex!"*

Über Bibis Gesicht glitt ein Strahlen. Sie betrachtete stolz und amüsiert ihren Stiefelgips und machte ein paar Schritte. Der Gips saß perfekt und war jetzt von einem echten Reitstiefel kaum noch zu unterscheiden. Endlich konnte es losgehen! Aber vorher versprach sie ihrer Mutter noch hoch und heilig, dass sie nicht leichtsinnig sein und ihr Bein auf jeden Fall schonen würde. Auf Hexereien während

185

des Turniers wollte sie natürlich verzichten. Nichts gegen ein bisschen Schummeln, aber wenn es um ihre Reitkünste ging, verstand sie keinen Spaß. Schließlich stand ihre Ehre auf dem Spiel. Und die wollte sie heute gegen den Schnösel Adalbert von Falkenstein verteidigen.

Der sollte sie kennenlernen!

An diesem schönen, warmen Sonnentag schien ganz Falkenstein auf den Beinen zu sein. Aus allen Himmelsrichtungen strömten die Zuschauer auf den Turnier- und Rennplatz. Die meisten kamen zu Fuß, viele auf dem Fahrrad und die wenigsten mit dem Auto. Im Innenring der Reitanlage war der Parcours aufgebaut, außen herum war die Sandbahn für das Rennen angelegt. An der Längsseite der Bahn hatte sich die Turnierleitung niedergelassen. Hier musste sich jeder Reiter melden. Sein Name und der seines Pferdes wurde mit der Teilnehmerliste verglichen. War alles in Ordnung, wurden die Namen abgehakt, und der Nächste war an der Reihe. Schließlich kam auch Tina Martin dran. Sie wechselte mit einem der Herren von der Turnierleitung ein paar Worte, stutzte dann, bekam vor Aufregung einen roten Kopf und machte sich eilig auf die Suche nach ihrer Hexenfreundin.

„Bibi! Bibi!", rief sie schon von Weitem. „Es ist etwas Schreckliches passiert!"

„Was Schreckliches? Für wen?", feixte Bibi. „Für den jungen Herrn Adalbert vielleicht? Hat der Schnösel plötzlich die Hosen voll und in letzter Sekunde abgesagt? Das würde ihm ähnlich sehen!"

„Jetzt halt mal die Luft an und hör auf mit deinen blöden Sprüchen!", schimpfte Tina. „Dir wird dein Lachen gleich vergehen. Dein Name steht nämlich nicht auf der Liste. Du bist als Teilnehmerin gestrichen."

„Wie bitte? Sag das noch mal!" Bibi traute ihren Ohren nicht. „Hast du mich vielleicht abgemeldet? Du, wenn du das gemacht hast, dann …"

„Quatsch!" Tina war regelrecht empört. „Ich doch nicht. Ich habe immer daran geglaubt, dass du es schaffst. Aber wenn du es nicht warst und ich es nicht war, wer dann?"

Tja, wer hatte Bibi von der Teilnehmerliste des Falkensteiner Herbstturniers streichen lassen? Frau Martin? Nein. Die mischte sich in so was nicht ein. Barbara Blocksberg? Auch nicht. Die bangte ja mit und wünschte ihrer Tochter, dass sie an dem Wettrennen teilnehmen konnte. Es konnte also nur jemand sein, der von Bibis verletztem Bein wusste.

„Freddy!", riefen die beiden Mädchen wie aus einem Mund.

„Natürlich! Freddy, der Rosenkavalier!", meinte Bibi ärgerlich. „Ich kann mich noch gut erinnern, wie er sich wichtig getan hat. Dass ich ihm nur Bescheid zu sagen brauche, wenn ich was will und so. Schlimm. Wie mein Papi hat er sich aufgeführt."

„Und nun?", fragte Tina und schob die Unterlippe vor. „Jetzt stehst du dumm da. Alles im Eimer, bloß wegen diesem Freddy und seinem Übereifer. Ich frage mich, wie er das geschafft hat. Aber unser Freddy ist nicht blöd.

Ich nehme an, er hat mit verstellter Stimme bei der Turnierleitung angerufen und das Blaue vom Himmel runtergeschwatzt."

Bibi überlegte kurz. Sie hatte zwar versprochen, heute nicht zu hexen, aber das hier war ein eindeutiger Notfall. Sie war sicher, Mami würde es verstehen und ein Auge zudrücken, Also musste sie ganz schnell einen Hexspruch anbringen.

„Eene meene Sattelknauf, bin wieder auf der Liste drauf! Hex-hex!"

So. Das war geschafft. Von Bibi aus konnte das Rennen losgehen.

Bibi gegen Adalbert

Freddy, der Möchtegern-Sheriff und Rosenkavalier, glaubte also, dass die kleine Hexe Bibi Blocksberg draußen auf dem Martinshof brav in ihrem Bettchen lag und ihre Beinverletzung auskurierte. Er hatte es sich natürlich nicht nehmen lassen, auch dem Herbstturnier beizuwohnen. Wo kämen wir denn da hin, wenn Freddy nicht aufkreuzte! Heute war es ihm besonders wichtig, denn er wollte von dem Turnier eine Reportage machen. Seinem Onkel hatte er leihweise ein tragbares Tonbandgerät samt Mikrofon abgeschwatzt, und nun fühlte er sich wie ein Rundfunkreporter vor Ort.

„Test ... Test ... Test ...", murmelte er in das Mikro und drehte dabei an ein paar Knöpfen.

„One … two … three …" Er räusperte sich ein paarmal und drückte dann die Aufnahmetaste.

„Das ist ein Livereport über das Jugend-Herbstturnier von Falkenstein. Das Turnierfeld hat sich inzwischen bis auf den letzten Platz gefüllt, und die Vorbereitungen sind fast abgeschlossen. Ah, da sehe ich auch Frau Martin vom gleichnamigen Reiterhof. Guten Tag, Frau Martin. Können Sie vielleicht ein paar Grußworte für die kleine Hexe Bibi Blocksberg sagen?"

„Ich?", fragte Frau Martin verblüfft. „Ja, wozu denn, wenn ich fragen darf?"

„Ich nehme alles auf", antwortete Freddy eifrig. „Das wird eine Kassette für Bibi, weil sie doch sicher traurig ist, dass sie heute nicht dabei sein kann."

„Bibi? Bibi Blocksberg? Da drüben reitet sie doch gerade auf Sabrina zum Start."

Bibi hier auf dem Platz? Wieso lag sie nicht krank im Bett? Freddy machte ein ausgesprochen dämliches Gesicht. Er hielt sich doch für

192

den totalen Durchblicker, aber das hier überstieg eindeutig seinen Verstand.

„Ja … a-aber ihr B-Bein?", stotterte er verwirrt.

„Bein?", fragte Frau Martin ironisch zurück. „Ach so, du meinst die Schmerzen, die mit ihrer Grippe zusammenhingen? Die sind wieder weg!"

Freddy zog verschämt den Kopf ein und schaute verlegen zur Seite. Da war er wohl ein wenig zu voreilig gewesen. Aber andererseits hatte er es ja auch gut gemeint. Er gab sich einen Ruck und tat, als ob er nichts mit der Sache zu tun hätte.

„Auch egal", meinte er lässig. „Ich mache die Reportage trotzdem."

Er stoppte mit einem Tastendruck sein Gerät und schlenderte hinüber zu der überdachten Tribüne, wo die besten Plätze waren. Dort wartete er neben Frau Blocksberg und Frau Martin, bis die Teilnehmer der ersten Paarung ihre Plätze eingenommen hatten. Dann setzte er seine Livereportage fort.

„Am Start sehe ich die Favoriten des heutigen Rennens, Bibi Blocksberg auf Sabrina und Adalbert von Falkenstein auf seinem Hengst Großmogul. Sie sind bereit, und jeden Moment muss das Klingelzeichen ertönen. Da ist es schon!"

Er nahm das Mikrofon vom Mund weg und hielt es in die Luft, damit das Klingeln auch schön deutlich auf dem Band zu hören war. „Und jetzt geht es los! Wow! Die Stute lässt die Beine fliegen … Jaaa! … Aber Großmogul hat bereits einen kleinen Vorsprung … Wird er ihn ausbauen können? … Es sieht ganz danach aus, er wird größer … Ist Sabrina nicht in Form, oder verfolgt Bibi eine bestimmte Taktik? Will sie ihr Pferd nicht verausgaben, lässt sie ihm Reserven, damit sie später aufholen kann? … Die Hälfte der Strecke ist bereits zurückgelegt, und noch liegt Adalbert von Falkenstein auf Großmogul vor Bibi Blocksberg auf Sabrina. Man muss sie anfeuern! Jaaa! … Bibi! Bibi!"

„Pass doch auf!", fuhr ihn plötzlich jemand

an. „Fuchtel mir doch nicht mit deinem Mikrofon vor der Nase rum!"

„Entschuldigung!", murmelte Freddy, dann aber strahlte er. „Ah! Da ist ja auch Frau Blocksberg, Bibis Mutter. Frau Blocksberg, eine Frage: Wie schätzen Sie die Chancen Ihrer Tochter bei dem heutigen Rennen ein?"

„Gut. Ausgezeichnet!", sagte Bibis Mutter freundlich, dann gab sie Freddy einen Rippenstoß. „Guck doch hin, Junge, dann siehst du es selbst!"

„Äh … ja … natürlich!", meinte Freddy hastig und kam dann seiner Reporterpflicht wieder nach. „Wunderbar! Super! Jetzt ist der Abstand geringer geworden. Sabrina hat aufgeholt, liegt jetzt auf gleicher Höhe mit Großmogul. Ist da schon ein kleiner Vorsprung zu sehen? … Jaaa! Bibi zieht vorbei! Bibi zieht vorbei! Ist das nicht irre, Frau Blocksberg?"

„Ja doch! Ja doch!", kam es zur Antwort. „Schrei mir doch nicht so ins Ohr, Junge!"

Aber Freddy hörte gar nicht hin, so sehr fesselte ihn das Geschehen auf der Bahn.

196

„Wow! Es sieht tatsächlich so aus, als würde sich ein Sieg für Bibi Blocksberg anbahnen. ... Doch, nein! Adalbert versucht, das Letzte aus seinem Pferd herauszuholen, er gibt ihm verzweifelt die Schenkel. Wird es noch reichen? ... Nein! Es reicht nicht mehr ... Nicht nachlassen, Bibi! Du bringst es! Ja! Jaaa!"

Freddys letzte Worte gingen in einem Beifallssturm unter. Die Zuschauer sprangen von ihren Sitzen und klatschten stehend Beifall.

„Es ist eindeutig!" Freddys Stimme überschlug sich fast vor Begeisterung. „Bibi Blocksberg hat es geschafft! Eine Pferdelänge vor Adalbert von Falkenstein ist sie durch das Ziel gegangen!"

Die beiden ließen ihre Pferde locker austraben, und dann ertönte auch schon die Stimme des Stadionsprechers aus dem Lautsprecher: „Sieger des ersten Durchgangs: Bibi Blocksberg auf Sabrina. Wir bitten die Teilnehmer der nächsten Paarung zur Aufstellung!"

Nun, da Bibi gewonnen hatte, war für Freddy alles gelaufen. Die nächsten Rennen interessierten ihn nicht so sehr, das Wichtigste war für ihn Bibis Sieg gewesen. Dennoch wieselte er zwischen den Zuschauern hindurch und machte kurze Interviews. Schließlich sollte seine Reportage richtig profihaft klingen. Dann nahm er wieder neben Frau Blocksberg und Frau Martin Platz und wartete, bis die Springreiter an der Reihe waren. So, wie Tina zuvor ihrer Freundin die Daumen gedrückt hatte, so drückte jetzt Bibi ihrer Freundin die Daumen. Und es half natürlich! Absolut fehlerfrei schaffte Tina alle Hindernisse in einer Spitzenzeit und wurde ganz locker Siegerin in dieser Disziplin.

So kam es dann, dass die beiden Freundinnen nebeneinander auf dem Ehrenpodest standen, vor Glück und Freude wie zwei Honigkuchenpferde strahlten und mit stolzgeschwellter Brust ihre Siegerplaketten zeigten. Das Publikum ließ die beiden hochleben, und der Beifall wollte kein Ende nehmen.

Mitten in den Schlussapplaus hinein verzog Bibi plötzlich das Gesicht und stöhnte leise auf.

„Was ist denn? Was hast du? Freust du dich denn nicht?", murmelte Tina.

„Natürlich freue ich mich!", murmelte Bibi zurück. „Aber unter dem Gips juckt mein Bein wie verrückt und ... jetzt ist es passiert!"

„Was denn, um Himmels willen?", fragte Tina erschrocken.

„Mein Gips ist abgefallen. Jetzt stehe ich im Strumpf da!"

„Macht doch nichts!" Tina grinste. „Sollen die Leute eben denken, dass dein Stiefel geplatzt ist. Bei einer kleinen Hexe ist eben nichts unmöglich!"

Am lautesten klatschte Freddy. Ein ganz klein wenig hatte er noch ein schlechtes Gewissen, schließlich wäre durch seine Wichtigtuerei Bibi fast von der Teilnahme am Turnier ausgeschlossen worden. Aber warte, Freddylein, darüber reden wir noch einmal, beschloss Bibi. Als Freddy ihr dann aber mit einer linkischen Verbeugung seine Tonbandkassette mit der Reportage überreichte, war sie wieder versöhnt und sogar ein bisschen gerührt.

200

Auch Tina schnauzte ihn nicht an, wie sie es so gern tat. Schließlich hatte es der olle Sheriff ja gut gemeint. Frau Blocksberg lud ihn sogar ein, an dem großen Früchtebecher-Sieger-Essen teilzunehmen, das sie allen Beteiligten spendierte. Da sagte Freddy natürlich nicht Nein.

Den langen, anstrengenden Tag ließen Bibi und Tina auf ganz besondere Art und Weise ausklingen. Abends im Bett legte Bibi die Kassette mit Freddys Reportage in einen Walkman ein, und über Kopfhörer konnten sie nun ihren Sieg über Adalbert noch einmal Revue passieren lassen: *„… Bibi Blocksberg hat es geschafft! Eine Pferdelänge vor Adalbert von Falkenstein ist sie durch das Ziel gegangen!"*

Bibi & Tina
Das große Teamspringen

nach Markus Dittrich

Das Reitertreffen im Wald

An diesem Tag verzichteten Bibi und Tina nach Frühstück und Stalldienst auf ihr morgendliches Wettreiten. Stattdessen trabten sie auf ihren Pferden locker über die Wege durch den Falkensteiner Forst, atmeten mit vollen Zügen die würzige Luft ein und waren bester Laune.

Bald darauf erreichten sie eine Fichtenschonung, neben der ein Stück Wald gerodet worden war. Die meisten Stämme lagen aufeinandergeschichtet am Wegrand, ein Stamm allerdings lag quer über dem Weg. Das brachte Tina auf eine Idee.

„Los, Amadeus! Da springen wir drüber!", rief sie und gab ihrem Hengst Schenkeldruck.

Amadeus folgte ihr aufs Wort, fiel vom Trab in Galopp und sprang mit einem eleganten Satz über den Baumstamm.

„Jaaa!", freute sich Tina. „Geschafft!"

„Das können wir auch!", rief Bibi. „Stimmt's, Sabrina?"

Ihre Stute schnaubte, galoppierte an und nahm das Hindernis ohne Probleme.

„Jaaa! Super, meine Süße!", lobte Bibi.

Die beiden Mädchen waren zu Recht stolz auf ihre Pferde und tätschelten ihnen anerkennend die Hälse. Plötzlich spitzten Sabrina und Amadeus die Ohren und drehten sie in den Wind. Auf dem Weg kam ein Reiter daher. Es war Alexander von Falkenstein, der Sohn des Grafen, auf seinem schwarzen Hengst Maharadscha.

„Bravo, ihr zwei!", rief er von Weitem. „Ich meine natürlich, ihr vier!"

„Und was ist mit dir?", rief ihm Bibi aufmunternd zu. „Willst du nicht auch springen?"

„Kein Problem!" Alex lachte. „Los, zeigen wir's denen, Maharadscha!"

205

Und auch Alex schaffte den Sprung mit Bravour. Er parierte sein Pferd durch, kehrte um und brachte es neben den Mädchen zum Stehen.

„Na?", meinte er lässig. „Noch Fragen?"

„Super, Alex!", sagte Bibi anerkennend.

„Machen wir noch ein paar Sprünge?", schlug Tina den beiden vor.

„Klar!" Bibi ließ sich nicht lange bitten. „Über den Graben da drüben am Rand der Schonung. Da haben wir viel Platz." Sie griff nach den Zügeln und gab ihrer Stute kräftigen Schenkeldruck. „Auf geht's, Sabrina!"

„Okay!" Tina setzte sich im Sattel zurecht. „Los, Amadeus!", befahl sie.

Alex war natürlich mit von der Partie. „Tempo, Maharadscha!"

„Yippie!", ertönte es vielstimmig, Pferdehufe donnerten über den Waldboden, und über Graben und Baumstamm, hin und zurück, ging die wilde Reiterei.

Ein wenig müde und abgekämpft, aber fröhlich und vergnügt ließen Bibi, Tina und Alex

206

anschließend ihre Pferde im gemächlichen Schritt weiter den Forstweg entlanggehen.

„Ihr könntet glatt am Falkensteiner Teamspringen teilnehmen", meinte Alex.

Bibi sah ihn neugierig an. „Was ist das für ein Turnier?"

„Da treten nur Zweierteams gegeneinander an", erklärte Alex.

„Super Idee!", rief Bibi. „Das machen wir einfach!"

Alex lachte. „Es ist bereits übermorgen, Bibi!"

„Dann wird es ein bisschen knapp mit dem Training", gab Tina zu bedenken.

„Außerdem ist ein besonders starkes Team dabei", fügte Alex hinzu.

„Wirklich?", sagte Bibi. „Und wer ist das?"

„Michael und Ralf Hutmacher", antwortete Alex. „Also, ich würde nicht gegen die beiden antreten."

Bibi zuckte mit den Schultern. „Ich kenne die gar nicht."

„Das sind zwei ganz eingebildete Schnösel", sagte Tina.

„Aber springen können sie", meinte Alex. „Ohne Training habt ihr keine Chance."

„Ach Alex, wann sollen wir das denn machen?", wandte Tina ein. „Auf dem Martinshof gibt es gerade Arbeit ohne Ende."

Doch Bibi ließ nicht locker. „Holger könnte ein Intensivtraining mit uns machen."

„Träum weiter!", lachte Alex.

„Sei doch nicht immer so negativ!", protestierte Bibi.

„Er hat recht, Bibi", sagte Tina. „Die Idee ist zu verrückt."

Bibi zog einen Flunsch. „Och menno!"

Das Thema „Falkensteiner Teamspringen" wäre fast erledigt gewesen, wenn die drei in diesem Moment nicht eine überraschende Begegnung gehabt hätten.

„Hey!", rief Alex und deutete zum Ende des Waldweges. „Seht mal, wer da kommt!"

„Zwei Reiter, na und?", meinte Bibi gelangweilt.

„Na, das sind sie!", erklärte Alex. „Michael und Ralf Hutmacher!"

209

Im gestreckten Galopp ritten zwei Jungen, die etwa in ihrem Alter waren, auf den Baumstamm zu. „Hepp, Testarossa!", rief der erste der beiden, Michael. „Spring!"

Schwungvoll setzte sein Pferd über das Hindernis.

„Super Sprung, Michi!", rief der zweite, Ralf. „Jetzt ich! Und … hepp!"

Auch er schaffte es ohne Schwierigkeiten.

Die beiden wendeten ihre Pferde, klopften ihnen beruhigend auf die Hälse und trabten lässig auf Bibi, Tina und Alex zu.

„Hi!", grüßte Ralf freundlich.

„Hi!", sagte Bibi. „Nicht schlecht, eure Sprünge."

Michael sah sie herablassend an. „Ein Klacks für wahre Champions!"

„Wisst ihr überhaupt, was ein guter Sprung ist?", fragte Ralf.

„Darauf kannst du dein Pferd verwetten!", erwiderte Bibi schlagfertig.

„Na, da haben wir ja Glück gehabt", meinte Michael grinsend. „Wollt ihr ein Autogramm?"

210

„Autogramm?" Tina lachte spöttisch. „Du spinnst wohl?"

„Was wollt ihr dann?", fragte Michael.

„Gewinnen!", antwortete Bibi munter. „Wir haben gerade überlegt, beim Teamspringen gegen euch anzutreten."

„Was?!" Michael prustete los. „Hast du das gehört, Ralf?"

„Aber ja!" Ralf lachte schallend. „Zwei Stallmädchen ... gegen uns!"

„Stallmädchen?!", rief Tina empört.

„Genau!", feixten die Brüder.

„So eine Frechheit!", empörte sich Bibi.

„Ach wirklich?", höhnte Michael.

„Tina!", wandte Bibi sich an ihre Freundin. „Was ist jetzt?" Die Vorstellung, zusammen mit Tina beim Falkensteiner Teamspringen mitzumachen, gegen Michael und Ralf Hutmacher anzutreten und vielleicht sogar gegen die beiden Prahlhälse zu gewinnen, ließ Bibi nicht mehr los.

„Na ja ..." Tina zögerte.

„Bibi! Tina!", ermahnte Alex die beiden.

„Auch noch feige, die Stallmädchen!", stichelte Michael.

„Jetzt reicht's aber!" Tina hatte sich entschlossen. „Okay, Bibi. Wir machen es!"

„Super, Tina!", jubelte Bibi.

Alex verdrehte seufzend die Augen. „Oh nein …"

Bibi und Tina hatten sich von den Hutmacher-Brüdern ganz schön provozieren lassen. Doch jetzt konnten die Mädchen nicht mehr zurück, sie mussten beim Falkensteiner Teamspringen teilnehmen. Die Frage war nur, ob Frau Martin ihr Okay dazu geben würde.

Schnell ritten die drei Freunde zurück. An der Alten Eiche verabschiedete sich Alex, wünschte den Mädchen viel Glück und ritt Richtung Schloss.

Rick und Doppelrick

Auf dem Martinshof trafen die beiden Freundinnen Tinas Bruder Holger im Stall an. Sie konnten ihn tatsächlich dazu überreden, mit ihnen in den nächsten Tagen kurz, aber intensiv zu trainieren. Nun wollten sie Frau Martin von ihrem Vorhaben erzählen. Als „Verstärkung" ging Holger mit.

Tinas Mutter, die in der Küche mit dem Vorbereiten des Mittagessens beschäftigt war, fiel fast aus allen Wolken!

„Eine Teilnahme am Teamspringen?!", rief sie. „Da hättet ihr mich vorher mal fragen können!"

„Dazu war keine Zeit!", erklärte Tina. „Die Hutmacher-Brüder haben uns beleidigt."

„Genau!", bekräftigte Bibi. „Deswegen müssen wir es denen zeigen!"

„Also, Kinder, wie stellt ihr euch das vor?", fragte Frau Martin. „Soll ich mich ab sofort allein um den Hof kümmern?"

„Das Turnier ist doch schon übermorgen, Mutter", sagte Holger. „Und Bibi und Tina haben ganz recht."

„Womit?"

„Die Hutmacher-Brüder sind ziemlich eingebildet", fuhr Holger fort. „Ein kleiner Dämpfer täte ihnen ganz gut."

Frau Martin blickte ihn verblüfft an. „Jetzt sag nicht, dass du auch noch mitmachen willst?!"

„Na ja …", meinte Holger. „Nur als Trainer für Bibi und Tina."

„Das kann doch nicht wahr sein!"

„Beruhige dich, Mutter", sagte Holger versöhnlich. „Meine Arbeit für heute ist schon erledigt."

„Das mag ja sein …" Frau Martin seufzte. „Aber die nächsten Tage …"

214

„Ich verspreche dir, es läuft alles ohne Probleme weiter", beteuerte Holger.

„Also gut." Frau Martin gab sich geschlagen. „Gegen euch drei habe ich ja sowieso keine Chance."

Bibi und Tina strahlten. „Danke!!!"

„Aber beim nächsten Mal wäre ich gern eingeweiht, bevor alles entschieden ist. Verstanden?"

Tina nickte. „Ja, Mutti."

„Dann auf zum Training!", rief Bibi vergnügt. „Wir dürfen keine Zeit verlieren!"

Gleich nach dem Essen und dem gemeinsamen Geschirrspülen ging es los. Holger drückte ganz schön aufs Tempo: Zuerst sorgte er mit einem Anruf bei der Turnierleitung dafür, dass Bibi und Tina nachgemeldet wurden. Glücklicherweise klappte das ohne Probleme. Anschließend baute er auf dem Paddock eine Trainingsstrecke auf. Es gab zwar keine richtigen Hindernisse, aber ein paar Strohballen erfüllten den gleichen Zweck.

Und sogleich ging es konzentriert an die Arbeit. Holger war ein kritischer und strenger Trainer, der keinen Fehler durchgehen ließ, aber auch nicht mit Lob sparte, wenn etwas klappte. Bald schon waren die einfachen Sprünge für Bibi und Tina kein Problem mehr, und es gelangen beiden zum Abschluss der ersten Übung zwei fehlerfreie Sprünge über das Hindernis.

„Okay, super!", rief Holger. „Einfaches Rick können wir abhaken. Es wird Zeit, dass ihr das Doppelrick trainiert."

„Jetzt schon?", fragte Tina.

„Na klar", sagte Bibi. Sie war gerade richtig in Schwung. „Ich fang an. Los, Sabrina …" Sie gab ihrer Stute kräftigen Schenkeldruck, und sogleich galoppierte Sabrina auf die beiden aufeinandergelegten Ballen los.

„Konzentriert anreiten!", rief Holger ihr zu.

„Und jetzt …", Bibi erhob sich leicht aus den Steigbügeln, „spring, Sabrina!"

Doch kurz vor den Strohballen geriet die Stute aus dem Tritt.

217

„Auweia!", rief Tina erschrocken.

„Nicht stehen bleiben!", rief Bibi. „Trau dich!" Und Sabrina sprang. „Geschafft! Ruhig, Sabrina ..." Sie ließ ihr Pferd austraben. „Gut gemacht, meine Süße!"

„Alles in Ordnung?", fragte Tina besorgt.

„Ja." Bibi nickte. „Aber Sabrina hat kurz gezögert."

„Kein Wunder", meinte Holger. „Das Doppelrick ist doppelt schwer."

„Ich glaube, es liegt eher am Sattel", vermutete Tina.

„Das kann sein", sagte Bibi. „Aber wir haben nur unsere normalen Reitsättel."

„Tina hat recht", erklärte Holger. „Echte Springsättel wären schon besser."

„Kannst du uns nicht welche hexen, Bibi?", fragte Tina.

„Nein!", lehnte Bibi ab. „Sich für einen Wettbewerb Vorteile zu hexen, verstößt gegen die Hexregeln."

„Schade", meinte Tina, aber sie akzeptierte natürlich Bibis Antwort. „Holger, du schaust ja

219

so nachdenklich?", wandte sie sich an ihren Bruder.

„Ja, was ist?", wollte Bibi wissen. „Hast du eine Idee?"

„Ähm … nein, nein, eigentlich nicht", entgegnete Holger. „Los, kommt! Das muss auch so klappen."

Und schon ging es weiter mit dem Training. Nach einer Weile schafften Bibi und Tina auch das Doppelrick ohne Probleme. Nur ob das gegen die Hutmacher-Brüder reichen würde? Die drei waren zuversichtlich, aber letztlich mussten sie sich mit Geduld wappnen und einfach abwarten.

Nach dem anstrengenden, aber erfolgreichen Training versorgten Bibi und Tina ihre Pferde. Holger ging auf direktem Weg zu seiner Mutter ins Büro. Die war gerade dabei, am Computer Futterlisten für die Tiere des Hofes zu erstellen.

„Du, Mutter." Holger nahm gegenüber dem Schreibtisch Platz. „Kann ich dich mal kurz sprechen?"

Sie blickte ihn misstrauisch an. „Ja. Aber sag nicht, dass es Probleme gibt."

„Nein." Holger schüttelte den Kopf. „Ich wollte dich nur fragen, ob ich meinen Lohn in diesem Monat ausnahmsweise früher haben kann."

„Was? Wozu brauchst du denn das Geld?"

„Ich habe letzte Woche bei Trödel-Hannes zufällig zwei Springsättel gesehen", erklärte Holger.

„So, so … Und?"

„Na ja, damit springt es sich natürlich entschieden besser", fuhr Holger fort. „Und da dachte ich …"

„Und da dachtest du", Frau Martin erriet seine Gedanken, „dass Bibi und Tina damit bessere Chancen haben."

„Genau. Gegen zwei vorgezogene Geburtstagsgeschenke ist doch nichts einzuwenden, oder?"

„Im Gegenteil. Etwas Nützliches ist immer am besten. Aber", gab Holgers Mutter zu bedenken, „zwei Sättel sind viel zu teuer."

„Sie sind doch gebraucht", wandte Holger ein.

„Zu teuer für dich allein, meine ich. Darf ich mich beteiligen?"

„Aber klar!"

„Gut, dann gehen die Sättel auf mich", bot Frau Martin großzügig an. „Das Besorgen bleibt deine Sache."

„Aber ...", wollte Holger protestieren, doch seine Mutter unterbrach ihn.

„Keine Diskussionen! Wenigstens einmal will ich mich heute durchsetzen können", fügte sie schmunzelnd hinzu.

„Okay!", lachte Holger. „Ich reite morgen ganz früh los, und du musst für mich eine Entschuldigung finden."

„In Ordnung. Machen wir eine kleine Verschwörung!"

Mutter und Sohn sahen sich an und lachten vergnügt.

Der Turnierplatz auf dem Martinshof

Als Bibi und Tina am nächsten Morgen mit einem leichten Muskelkater in den Beinen in die Küche kamen, tat Frau Martin, als sei alles wie immer. Holger hatte schon vor ihnen allein gefrühstückt und war längst auf dem Weg zu Trödel-Hannes.

„Guten Morgen!", grüßten die beiden und nahmen am Tisch Platz. Frau Martin wünschte ihnen ebenfalls einen guten Morgen.

„Wo ist denn unser Trainer?", fragte Bibi, während sie sich ein Früchtemüsli anrührte.

„Der kommt wohl nicht aus den Federn!", meinte Tina lachend und schenkte beiden Kakao ein.

„Von wegen!", erwiderte ihre Mutter. „Der ist schon unterwegs und erledigt etwas für mich."

Bibi blickte Frau Martin besorgt an. „Und was wird aus unserem Training?! Wir müssen morgen top sein."

„Beruhige dich, Bibi. Er ist höchstens eine Stunde weg."

„Was gibt es denn so früh zu erledigen?", wollte Tina wissen.

„Er muss eine wichtige Lieferung abholen", sagte ihre Mutter. „Dafür hat er tagsüber ja keine Zeit. Oder etwa doch, Tina?", fügte sie leicht ironisch hinzu.

„Nein, nein, schon gut, Mutti", beeilte sich Tina zu sagen. „Wir fangen dann nachher ohne ihn an." Sie hatte ein etwas schlechtes Gewissen, denn wegen des versprochenen Trainings konnte Holger ja seine Arbeiten auf dem Hof nicht erledigen.

Nach dem Frühstück brachten Bibi und Tina ihre Pferde Sabrina und Amadeus zum Paddock. Sie fingen wie geplant schon einmal mit dem Training an – vorerst ohne Holger.

225

Tina nahm mit ihrem Hengst ohne Probleme das Rick, bestehend aus einem Strohballen.

„Weiter, Amadeus!", rief sie schwungvoll. „Nächstes Hindernis!"

„Ja, Sabrina! Komm, meine Süße!" Bibi lenkte ihre Stute auf die zwei aufeinandergelegten Ballen zu. „Jetzt das Doppelrick!"

So ging es noch eine ganze Weile, und die Mädchen mit ihren beiden Pferden wurden immer besser. Aber das Training auf dem Paddock war und blieb nur ein Notbehelf.

„Schade, dass wir keine echten Hindernisse haben", stellte Tina bedauernd fest.

„Die Strohballen reichen doch", erwiderte Bibi.

„Schon, aber Sabrina und Amadeus könnten sich so besser an Turnierverhältnisse gewöhnen."

„Wozu bin ich eine Hexe?", meinte Bibi lässig und streckte die Arme aus. *„Eene meene ..."*

„Bibi!", unterbrach Tina die Freundin. „Ich dachte, das ist verboten?!"

„Nein, nicht bei Trainingsgeräten", erklärte

226

Bibi. „Nur wenn man die Sachen auch im Wettkampf benutzt, so wie die Sättel."

„Puh!", machte Tina. „Ganz schön kompliziert, eure Hexregeln."

„Deswegen muss ich ja auch noch zur Hexenschule." Bibi lachte und begab sich in Hexposition. *„Eene meene schick, vor uns steht das Rick! Eene meene noch mal schick, vor uns steht das Doppelrick! Eene meene auf der Lauer, gleich dahinter eine Mauer! Eene meene Schicksalsraben, und dort liegt der Wassergraben! Und jetzt für alles ein Hex-hex!"*

Funken sprühten nach allen Seiten des Paddocks, Sternchen blitzten überall, und das „Hex-Plingpling" schallte laut über den Platz.

Tina blickte sich begeistert um. „Wow! Klasse, Bibi! Es sieht hier aus wie auf einem echten Turnierplatz."

Auch Bibi war sehr angetan von dem Ergebnis ihrer Dreifachhexerei. „Ja, das ist schon ganz was anderes. So eine Mauer-Wassergraben-Kombination wird der Höhepunkt des Wettkampfes."

228

„Na, dann lass uns mal richtig loslegen!" Tina gab ihrem Fuchs Schenkeldruck, der sogleich mit lautem Wiehern angaloppierte. „Tempo, Amadeus!"

Bibi tat es Tina nach und rief: „Sabrina! Spring, meine Süße! Jaaa!" Auch Sabrina wieherte und schnaubte und preschte mit ihrer Reiterin über den Platz.

Mit echten Hindernissen fühlten sich Bibi und Tina schon wie auf dem Turnier und hatten eine Menge Spaß bei der Sache. Sabrina und Amadeus stellten sich geschickt an und lernten das Springen immer besser. Ob sie sich von der Begeisterung der Mädchen hatten anstecken lassen?

Eine fiese Lüge

Die eingebildeten, überheblichen Hutmacher-Brüder trainierten ebenfalls. Als echte Champions durften die beiden sogar den Falkensteiner Turnierplatz benutzen. Sie waren äußerst ehrgeizig und verlangten viel von ihren Pferden.

„Und noch mal!", feuerte Michael seinen Hengst an. „Das Doppelrick, Testarossa! Los! Meckern gibt's nicht!", schimpfte er, als Testarossa ungehalten wieherte.

„Hey, Michi!", rief sein Bruder Ralf. „Gönn ihm 'ne Pause!"

„Pause? Was ist das?"

„Du überforderst dein Pferd, wenn du so weitermachst!", warnte Ralf.

„Ach was!", winkte Michael ab. „Mein Testarossa ist hart im Nehmen."

„Es sieht aber nicht so aus", gab Ralf zu bedenken. Im Gegensatz zu seinem Bruder nahm er mit Sorge zur Kenntnis, dass dessen Pferd einen leicht erschöpften Eindruck machte und sein Fell vor Schweiß glänzte.

In diesem Moment erschien der Platzwart am Rand des Turnierfeldes, formte die Hände zu einem Trichter und rief laut: „Hallo, Jungs! Telefon für euch! Eure Großmutter!"

„Oma ruft an? Sie will bestimmt herkommen!", freute sich Michael

„Du meinst, zum Turnier?", meinte Ralf. „Das wäre ja super!"

Schnell lenkten die Hutmacher-Brüder ihre Pferde zum Rand des Turnierplatzes, banden sie an und eilten dann ins Büro. Oma Clara Hutmacher ließ man nicht warten. Sie war nicht nur in jungen Jahren eine berühmte Springreiterin gewesen, sie hatte sich auch als Großmutter ein Herz für die Jugend behalten und war sehr sympathisch.

Ralf griff nach dem Telefon und Michael hörte mit. „Hallo, Oma!", begrüßte Ralf sie. „Wie geht es dir?"

„Prima."

„Kommst du zum Turnier, um uns gewinnen zu sehen?", fragte Michael.

Oma Clara lachte. „Oder um euch zu trösten, wenn ihr verliert."

„Niemals!", riefen Michael und Ralf wie aus einem Mund.

„Na, ihr seid ja recht selbstsicher."

„Genau", bekräftigte Michael. „Du wirst stolz auf uns sein."

„Vorsicht!", warnte Oma Clara. „Hochmut kommt vor dem Fall."

„Nicht bei uns", sagte Ralf. „Wann kommst du an?"

„Ich habe hier in Rotenbrunn noch etwas zu erledigen. Zum Turnier bin ich auf jeden Fall pünktlich. Versprochen."

„Okay!" Michael war begeistert. „Dann nichts wie weiter mit dem Training. Volles Rohr!"

„Michael, nimm dein Pferd nicht so hart ran",

ermahnte ihn seine Großmutter. „Es muss Spaß an der Sache haben."

„Äh … logisch, Oma", wiegelte Michael ab.

„Also bis dann, ihr zwei!"

„Bis dann! Tschüss, Oma!"

Das Telefonat mit ihrer Großmutter hatte die Hutmacher-Brüder angespornt, und so beeilten sie sich, zurück auf den Turnierplatz zu gehen und weiterzutrainieren. Doch sie kamen nicht dazu, denn in diesem Augenblick ritt ein junger Mann auf sie zu und zügelte sein Pferd neben ihnen.

„Hallo!", grüßte er. „Ihr seid doch Ralf und Michael Hutmacher, stimmt's?"

„Bingo! Die Champions von morgen!", prahlte Michael. „Und wer sind Sie?"

„Holger Martin. Ich trainiere eure Gegner: Bibi und Tina."

„Was? Die Stallmädchen?", höhnte Michael. „Aber für die letzten Plätze braucht man doch keinen Trainer."

„Ach, deswegen trainiert ihr auch allein, was?", entgegnete Holger schlagfertig.

233

„Ha, ha." Ralf verzog das Gesicht. „Guter Witz."

„Spaß beiseite", lenkte Holger ein. „Sagt mal, ich bin auf der Suche nach jemandem. Vielleicht könnt ihr mir helfen."

„Vielleicht", meinte Ralf. „Wer ist es denn?"

„Trödel-Hannes. Der ist mal wieder überall und nirgends. Jedenfalls nicht zu Hause."

„Da haben Sie aber Glück", sagte Michael. „Ich habe ihn ganz früh heute gesprochen."

„Echt? Und wo ist er jetzt?", fragte Holger.

„Nicht in Falkenstein jedenfalls, sondern in ...", Michael überlegte schnell, „... Rotenbrunn, genau! Auf dem Marktplatz."

„So weit weg." Holger war enttäuscht. „Was für ein Pech. Aber danke."

„Ist doch Ehrensache", erklärte Michael scheinheilig. „Unter Sportsfreunden!"

„Das sehe ich auch so", sagte Holger. „Los, Pascal!" Er gab seinem dunkelgrauen Hengst Schenkeldruck. „Tschüss, ihr zwei!"

„Tschüss!"

Als Holger außer Hörweite war, wandte sich

Ralf an seinen Bruder: „Wann hast du Trödel-Hannes denn gesehen?"

Michael grinste. „Gar nicht."

„Wie ‚gar nicht'?"

„Na, keine Ahnung, wo der ist. Aber ich habe gerade unseren Gegnern das Training vermasselt."

„Aber Michi, das kannst du doch nicht machen!" Der kleine Bruder war empört. „Du kannst Holger doch nicht anlügen und ihn in die falsche Richtung schicken!"

„Und ob ich das kann!", erwiderte Michael hochmütig. „Hast du doch gesehen."

Die alte Dame und ihr Hund

Zum Glück kamen Bibi und Tina ganz gut ohne ihren Trainer zurecht. Der gehexte Turnierplatz war wirklich toll, und so machten sich die Mädchen immer wieder an die schwierige Mauer-Wassergraben-Kombination.

„In Ordnung, Bibi!", ermunterte Tina ihre Freundin. „Du bist wieder dran!"

„Okay!" Bibi spornte ihre Stute an. „Also los, meine Süße!"

„Langsam anreiten!", kommandierte Tina.

„Mach ich doch!" Sabrina galoppierte los. „So ist es gut!", lobte Bibi. „Und jetzt spring!"

„Sie verweigert! Vorsicht, Bibi!"

„Alles unter Kontrolle, Tina! Ganz ruhig, meine Süße!"

Bibi hatte Sabrina fest im Griff der Zügel, und ihr sanftes Zureden bewirkte, dass die Stute Mauer und Wassergraben ohne Probleme bewältigte.

„Super!", lobte Tina. „Probier es gleich noch mal."

„Mach ich!", rief Bibi.

„Mit einem richtigen Sattel wäre es kein Problem", meinte Tina ein wenig bekümmert.

„Tina! Das hatten wir doch schon", entgegnete Bibi. „Ich darf keine Springsättel hexen."

„Schon gut", lenkte Tina ein. „Ich meine ja nur …"

„Wir schaffen das auch so!" Bibi war optimistisch.

Da ertönte vom Haus her die Stimme von Frau Martin: „Kinder! In zehn Minuten gibt es Essen!"

„Ja, Mutti!", rief Tina zurück. Sie blickte auf die Uhr. „Auweia! Wir haben die Zeit total vergessen. Es ist ja schon gleich zwölf."

„Wo bleibt denn bloß dein Bruder?", wunderte sich Bibi.

„Keine Ahnung." Tina zuckte mit den Schultern. „Von wegen, er ist nur eine Stunde weg ..."

Doch eine Stunde war für Holger nicht ausreichend gewesen. Schließlich hatte er von Falkenstein aus einen Riesenumweg nach Rotenbrunn machen müssen. Natürlich hatte er Trödel-Hannes dort nicht gefunden, und wen er auch fragte, niemand hatte ihn in der Stadt gesehen.

Enttäuscht machte er sich wieder auf den Rückweg. Zu seinem Pech braute sich nun auch ein Sommergewitter am Himmel zusammen. Holger ritt mit Pascal in vollem Galopp, damit er schnell genug nach Falkenstein und zurück zum Hof kam. Gerade hatten die beiden die Ruine Rotenburg passiert, als Holger am Wegrand ein Auto stehen sah. Daneben stand eine alte Dame, die einen verzweifelten Eindruck machte.

Als sie Pferd und Reiter erblickte, winkte sie mit den Armen und rief: „Hallooo! Junger Maaann! Können Sie mir helfen?"

239

„Hooo, Pascal!" Holger zügelte sogleich seinen Grauen und brachte ihn neben dem Auto zum Stehen. „Guten Tag", grüßte er freundlich. „Ist etwas passiert?"

„Mein Wagen hat eine Reifenpanne", erklärte die alte Dame betrübt. „Und jetzt ist auch noch Suzy ausgebüxt."

„Suzy? Ist das Ihre Tochter?"

„Nein, mein Terrier."

„Verstehe." Holger nickte. „In welche Richtung ist der Hund denn gerannt?"

„Dort zu dem Efeu-Gestrüpp!" Sie deutete auf ein dichtes Gebüsch hinter sich.

„Dahinter ist eine Höhle." Holger kannte sich in der Gegend um die Ruine gut aus. „Hoffentlich rennt Suzy nicht hinein."

Er stieg ab, band Pascal an einen Baum und machte sich zusammen mit der alten Dame auf die Suche nach ihrer ausgebüxten Hündin Suzy.

Zur gleichen Zeit setzten sich Bibi und Tina in der Küche des Martinshofs an den gedeckten Mittagstisch.

240

„Und wo bleibt euer Trainer?", wollte Frau Martin wissen.

„Holger ist noch gar nicht zurückgekommen", antwortete Tina.

„Was?", fragte ihre Mutter erstaunt. „Ich dachte, er wäre mit euch draußen auf dem Paddock."

„Nein." Bibi schüttelte den Kopf. „Er hat uns bis jetzt versetzt."

„Das gibt's doch gar nicht!"

„Vielleicht ist die Lieferung zu schwer, die er für dich abholen muss, Mutti", meinte Tina.

„Na ja … Also eigentlich holt er keine Lieferung für mich ab, sondern eine Überraschung für euch."

Bibi machte große Augen. „Eine Überraschung?"

„Ja", nickte Frau Martin, „aber mehr verrate ich nicht. Jedenfalls kann das nicht so lange dauern."

„Wir müssen ihn suchen gehen!", entschied Tina.

„Er wollte zu Trödel-Hannes", sagte Frau

Martin. „Aber vielleicht ist der auch mit seiner Kutsche unterwegs."

„Mit Kartoffelbrei finde ich Holger in null Komma nichts!", sagte Bibi. „Soll ich meinen Besen holen?"

„Das wäre mir ausnahmsweise sehr recht", antwortete Frau Martin ernst. „Irgendwas stimmt da nicht. Aber erst nach dem Essen", fügte sie schnell hinzu, weil Bibi bereits von ihrem Stuhl aufstehen wollte. „So viel Zeit muss sein."

Michael Hutmachers Plan war prompt aufgegangen, und er hatte erreicht, was er wollte: Das Springtraining von Bibi und Tina fiel erst einmal ins Wasser. Jetzt mussten die beiden ihren Trainer sogar suchen gehen.

Wie es der Zufall wollte, war der auch gerade auf der Suche nach jemandem – nach der kleinen Suzy. Zum Glück hatte er schnell Erfolg: Suzy saß am Eingang zur Höhle und zitterte wie Espenlaub. Außerdem bellte sie kläglich.

„Keine Angst, Suzy!" Holger sprach beruhigend auf sie ein. „Wir sind ja da."

„Sie hat schreckliche Angst vor Gewittern", sagte die alte Dame besorgt.

„Es ist direkt über uns", stellte Holger mit einem Blick zum dunklen Himmel fest. „Sie müssen zurück in den Wagen, dort kann Ihnen nichts passieren."

„Aber nicht ohne meinen Hund!", verlangte die alte Dame. „Na, komm schon, Suzy!"

In diesem Moment ertönte ein lauter Donnerschlag, und ein greller Blitz zuckte zwischen den grauschwarzen Wolken auf. Suzy jaulte erschrocken auf, kniff den Schwanz ein und rannte bellend davon.

„Suzy! Bei Fuß! Nicht weglaufen!", rief die alte Dame. Doch Suzy lief unbeirrt weiter, direkt in die Höhle hinein. Bald schon wurde ihr Bellen leiser und war schließlich nur noch als mehrfaches Echo zu vernehmen.

„Wir müssen hinterher!", rief Holger. „Ich hole schnell mein Pferd und stelle es im Eingang unter."

Das war sehr umsichtig von ihm. Den armen Pascal durfte er nicht draußen im Gewitter stehen lassen, schon gar nicht angebunden an einem Baum. Schnell brachte er ihn zum Höhleneingang und begab sich dann mit der alten Dame vorsichtig ins Innere. Doch in seiner Angst lief der kleine Terrier immer tiefer und tiefer in die Höhle hinein.

„Suzy! Suzy, komm her!", rief die alte Dame verzweifelt, aber Suzy folgte nicht.

Holger blickte sich erstaunt um. „Die Höhle ist viel größer, als ich annahm."

„Oh ja!", stimmte ihm die alte Dame zu. „Ein richtiges Labyrinth. Zum Glück kommt etwas Licht von draußen herein."

Langsam gingen sie weiter, immer dem Bellen nach, das von irgendwoher aus der Höhle ertönte.

„Es kommt von da drüben rechts", stellte Holger fest. „Aus dem Nebengang."

Vorsichtig tastete sich die alte Dame Schritt für Schritt vorwärts. „Ist das dunkel hier."

Allmählich wurde das Bellen lauter.

„Ich höre Suzy!" rief die alte Dame. „Aber ich kann sie nicht sehen."

„Da oben!" Holger hatte sie entdeckt. „Auf dem Geröllberg."

„Ja! Suzy! Komm her! Das ist gefährlich!", lockte die alte Dame. Doch der kleine Hund traute sich nicht allein von dem hohen Steinhaufen herunter. Stattdessen winselte er kläglich weiter.

„Ich hole sie", bot sich Holger an.

„Sie wollen da hinaufklettern?", fragte die alte Dame ungläubig.

„Na klar!"

„Aber das Gestein sieht sehr locker aus", gab sie zu bedenken.

„Ich bin ganz vorsichtig", sagte Holger. „Ganz ruhig, Suzy. Ich bin gleich bei dir."

Suzy winselte nun freundlich und wedelte freudig mit dem Schwanz.

Fast hatte Holger es geschafft, ein paar Zentimeter noch … da gaben plötzlich die Steine nach und rollten in einer kleinen Lawine zu Boden.

„Sagen Sie doch etwas!", rief die alte Dame erschrocken. „Ist alles in Ordnung?"

„Ja!", rief Holger. Ihm und dem Hund war nichts passiert. Aber ebenso wie Suzy hatte er einen Schreck bekommen.

„Komm zu mir, meine Kleine", lockte die alte Dame ihren Terrier. Er rannte bellend zu ihr und ließ sich von ihr knuddeln. „Da haben wir ja alle Glück gehabt."

„Nicht ganz", meinte Holger betrübt. „Werfen Sie mal einen Blick zurück. Wir sind eingeschlossen."

Tatsächlich! Die Gerölllawine hatte zwar niemanden verletzt, aber die Steine und der Schutt hatten den einzigen Zugang zu der kleinen Nebenhöhle versperrt, in der sie sich befanden. Wer sollte jetzt die Steine wegräumen? Die beiden Erwachsenen und der kleine Hund brauchten dringend Hilfe.

247

Wo ist Holger?

Auf dem Martinshof war mittlerweile Alex eingetroffen, der sich auch an der Suche nach Holger beteiligen wollte. Vor dem Pferdestall warteten er und Tina darauf, dass Bibi ihren Hexenbesen Kartoffelbrei startete.

„Kann es losgehen, Bibi?", fragte Tina.

„Ja." Bibi nickte. „In den Suchflugmodus, mein Wuschel!", befahl sie. *„Eene meene schlaue List, führ mich hin, wo Holger ist! Hexhex!"*

Sternchen blitzten, Funken sprühten, und das „Hex-Plingpling" ertönte. Kartoffelbrei erhob sich mit Bibi, doch er zischte nicht wie verlangt los in Richtung von Holgers unbekanntem Aufenthaltsort, sondern flog in die Höhe

und drehte sich über den Köpfen der anderen im Kreis.

„Heee!", rief Bibi und hielt sich mühsam am Besenstiel fest. „Was wird das? Mein Wuschel … was machst du denn daaa …?"

„Bibi! Tu doch was!", flehte Tina sie an.

Bibi überlegte nicht lange: *„Eene meene Brandung, Kartoffelbrei, los, Landung! Hexhex!"*

Sogleich ließ ihr Hexenbesen von seinem verrückten Rundflug ab, und als das „Hex-Plingpling" verklungen war, hatte Bibi schon wieder festen Boden unter den Füßen.

„Was ist los?", fragte Tina verwirrt.

Bibi blickte ratlos drein. „Mein Wuschel weiß anscheinend nicht, wohin er fliegen soll."

„So, wie sich eine Kompassnadel am Nordpol um sich selbst dreht", meinte Alexander.

„Genau", nickte Bibi. „Irgendwas verhindert den Suchflug."

„Und was kann das sein?", fragte Tina.

„Keine Ahnung!" Bibi zuckte hilflos mit den Schultern.

„Kinder, jetzt mache ich mir echte Sorgen",
sagte Frau Martin mit ernstem Blick.

„Dann stell deinen Besen besser zurück in
den Schrank, Bibi", schlug Alex vor. „Wir reiten
zu Trödel-Hannes. Vielleicht weiß der was."

„Gute Idee", stimmte Bibi zu. Was blieb ihr
auch anderes übrig? Ausnahmsweise nahm
sie ihren Hexenbesen zu Hilfe, und dann funk-
tionierte die Suche nach Holger nicht einmal.
Wie ärgerlich!

Also sattelten Bibi und Tina ihre Pferde und
ritten gemeinsam mit Alexander los. Im Gegensatz zu Holger fand der Suchtrupp Trödel-Hannes ohne Probleme: Er stand mitten in
Falkenstein neben seinem Wagen am Straßen-
rand. Und er war ziemlich überrascht, als drei
wilde Reiter auf ihn zugaloppierten, ihre Pferde
scharf durchparierten und vor ihm stoppten.

„Huch, Kinder!", rief er amüsiert. „So stür-
misch?! Ich dachte, ich bin hier der einzige
fliegende Händler!"

„Keine Zeit für Späße, Hannes!", sagte Bibi
ernst. „Wir suchen Holger."

„Mein Bruder ist spurlos verschwunden", fügte Tina hinzu.

„Aha." Trödel-Hannes nickte bedächtig. „Und was habe ich damit zu tun?"

„Holger wollte bei Ihnen eine Überraschung für uns kaufen", erklärte Tina.

„Verstehe", sagte Trödel-Hannes. „Aber er war noch nicht bei mir."

„Oh nein!", riefen Bibi und Tina wie aus einem Mund.

„Jetzt beruhigt euch erst mal", entgegnete Trödel-Hannes.

„Aber er ist seit Stunden unterwegs!", wandte Tina ein.

„Ich war auch unterwegs", sagte Trödel-Hannes. „Mit dem Wagen. Vielleicht haben wir uns einfach verpasst, Holger und ich."

„Das könnte sein", meinte Bibi.

„Fragt doch einfach mal im Ort herum, ob ihn jemand gesehen hat", schlug Trödel-Hannes vor.

„Und wenn er doch noch bei Ihnen auftaucht ...", begann Alex.

„Dann sag ich ihm Bescheid, dass er verzweifelt gesucht wird", vollendete Trödel-Hannes den Satz.

„Danke, Hannes", sagte Bibi.

„Ja, ja", meinte Trödel-Hannes besänftigend. „Ist doch alles halb so wild."

„Also suchen wir weiter." Alex griff die Zügel seines schwarzen Hengstes fester. „Fangen wir auf dem Turnierplatz an. Der liegt nicht weit von hier, er ist gleich da vorn."

„Also, bis dann, Hannes!", verabschiedete sich Tina. „Los, Amadeus!"

„Auf geht's, Maharadscha!", rief Alex.

„Lauf, Sabrina!", feuerte Bibi ihre Stute an.

Und schon galoppierten die drei wilden Reiter weiter. Trödel-Hannes winkte ihnen nach und rief: „Viel Glück, Kinder!"

Ja, Glück konnten Bibi, Tina und Alexander wirklich gebrauchen. Genau wie Holger und die nette alte Dame – aber die benötigten zusätzlich noch etwas Hilfe! Allein konnten sie es nicht schaffen, sich aus der Höhle zu befreien.

254

Dennoch begann Holger damit, Stein für Stein von dem Geröllberg abzutragen, der den einzigen Ausgang verschüttet hatte.

Eine mühseliges Unterfangen!

„Das wird sicher eine Weile dauern", sagte Holger, als er für einen kurzen Augenblick verschnaufte. „Machen Sie es sich doch bequem."

„Bequem nenne ich etwas anderes", meinte die alte Dame. „Stimmt's, Suzy?"

Der Terrier blickte zu ihr auf, wedelte mit dem Schwanz und bellte, als würde er zustimmen.

„Ich meine, setzen Sie sich einfach auf einen Felsen", schlug Holger vor.

„So ein Unsinn!", wehrte die alte Dame ab. „Ich helfe Ihnen natürlich. Schließlich ist alles meine Schuld."

„Ach was", erwiderte Holger. „Ich bin doch auf den wackeligen Geröllhaufen geklettert."

„Aber nur wegen meiner Suzy." Als der Terrier seinen Namen hörte, bellte er freudig.

„Ja, aber …"

„Nichts aber!", schnitt ihm die alte Dame

255

das Wort ab, bückte sich und begann ebenfalls, die Steine wegzuräumen. „Ich helfe Ihnen. Basta!"

„Na gut." Holger war einverstanden. „Dann geht es auch schneller. Ich muss nämlich nach Hause. Ich habe was versprochen."

„So? Was denn?"

„Meine Schwester Tina und ihre Freundin Bibi für das Teamspringen zu trainieren."

„Ach wirklich?", fragte die alte Dame. „Meine beiden Enkel nehmen auch an diesem Turnier teil."

„Wie?" Holger unterbrach seine Arbeit. „Michael und Ralf Hutmacher?"

„Ja, genau!"

Holger schaute erstaunt. „Dann sind Sie die Großmutter dieser ... frechen Burschen?"

Die alte Dame lachte. „Ja, da haben Sie mit beidem recht. Mit ‚Großmutter' und mit diesen ‚frechen Burschen'. Clara Hutmacher ist mein Name."

„Michael hat Bibi und Tina provoziert und herausgefordert", berichtete Holger.

„Das ist typisch", meinte Clara Hutmacher. „Aber wie heißt es so schön? Der Bessere gewinnt."

„Das denke ich auch", sagte Holger. „Nur ohne richtige Springsättel ist das nicht so einfach."

„Oh! Die Mädchen haben keine?", fragte Clara Hutmacher bedauernd. „Das ist natürlich ein Handicap."

„Ja, und leider habe ich den Trödler nicht auftreiben können, von dem ich welche kaufen wollte", sagte Holger.

„So, so …", sagte Clara Hutmacher. Sie schien zu überlegen. „Das ist ja …" Doch sie vollendete den Satz nicht.

Die beiden hatten während ihrer Unterhaltung fleißig Steine und Felsbrocken zur Seite geschleppt, als Suzy plötzlich aufgeregt bellte.

„Ah! Sehen Sie nur!", rief Clara Hutmacher. „Wir haben schon einen Spalt freigeräumt."

„Tatsächlich!"

Der Spalt war zwar viel zu klein, um hindurchzuklettern, aber die beiden Eingeschlossenen

257

hätten sich durch ihn bemerkbar machen können. Natürlich nur, wenn draußen jemand gewesen wäre, der ihre Rufe auch hörte. Wie zum Beispiel Bibi, Tina und Alexander, die sich auf der Suche nach Holger befanden.

Doch die drei waren zum Turnierplatz geritten und sprachen dort mit zwei Jungs, die bei ihren Pferden standen … Michael und Ralf Hutmacher.

Eine heiße Spur

„Hallo, liebe Konkurrenz!", begrüßte Bibi die beiden freundlich. „Habt ihr vielleicht Holger gesehen?"

„Wer soll das sein?", fragte Michael betont harmlos.

„Tinas Bruder", antwortete Alex.

„Er ist achtzehn Jahre alt, groß und blond", erklärte Tina.

„Ach, euer Trainer", sagte Michael. „Nö, den haben wir nicht gesehen. Stimmt's, Ralf?", wandte er sich an seinen Bruder.

Doch der hätte sich fast verplappert. „Äh … eigentlich …"

Bibi wurde jetzt misstrauisch. „Woher weißt du denn, dass er uns trainiert?"

„Na ja … ähm …", geriet Michael ins Stottern, „also, das spricht sich so herum."

„So, so …", meinte Tina gedehnt.

Michael wechselte schnell das Thema: „Spielt ihr etwa Verstecken mit ihm, oder was?"

„Nein", sagte Bibi. „Er ist verschwunden."

„Und wir machen uns ziemliche Sorgen", fügte Tina hinzu.

„Mit Recht!" Michael bekam wieder Oberwasser. „Ohne Training habt ihr nicht die geringste Chance gegen uns."

„Wieso sagst du das? Weißt du doch etwas?", argwöhnte Bibi. „Oder du, Ralf?"

Ralf wand sich und drückte sich vor einer klaren Antwort. „Was? Äh … na ja …"

„Ihr wollt wohl kneifen?" Michael lachte höhnisch. „Stallmädchen!"

„Nimm das sofort zurück!", fauchte Bibi.

„Ich denke nicht dran!", höhnte Michael. „Und jetzt zischt ab!"

Doch Bibi ließ nicht locker. „Erst, wenn ihr uns die Wahrheit gesagt habt."

260

Michael grinste überheblich. „Da kannst du lange warten!"

„Das werden wir ja sehen!"

Bibi hatte jetzt die Nase voll von den Ausflüchten der beiden Brüder. Sie streckte ihre Arme in Hexpositur und rief: *„Eene meene Suppentopf, Michi kriegt 'nen Eselskopf! Hex- hex!"*

Sternchen blitzten, Funken sprühten, und kaum war das „Hex-Plingpling" verklungen, da hatte Michael Hutmacher einen grauen Eselskopf, aus dessen Maul ein verblüfftes „Iah!" ertönte.

„Oh nein!", rief Ralf erschrocken. „Was habt ihr mit meinem Bruder gemacht?"

„Das siehst du doch", erklärte Bibi unge- rührt. „Und was für ein Tier wärst du gern? Eine Ente?"

Ralf warf einen schnellen Blick zu seinem Bruder, der hilflos auf Bibi starrte und nur kläg- lich „Iah!" rufen konnte.

„Was? ... Ähhh? ...", stotterte Ralf. „Bitte nicht!"

„Dann sag uns endlich, was ihr wisst!", verlangte Tina.

„Wir haben nicht den ganzen Tag Zeit!", mahnte Alex.

„Also gut ..." Ralf gab auf. „Wir haben Holger doch gesehen."

„Wann?", wollte Alex wissen.

„Heute früh. Er erkundigte sich nach einem gewissen Trödel-Hannes. Michi hat ihm gesagt, der Trödler wäre in Rotenbrunn."

„Und das war gelogen!", rief Tina empört.

„Genau", gab Ralf zu. „Euer Bruder ist natürlich gleich losgeritten."

„Fiese Bande!", schimpfte Alex.

„Um euch kümmern wir uns noch, verlasst euch darauf!", versprach Bibi. Sie wandte sich an ihre Freunde: „Los, Alex, Tina! Auf nach Rotenbrunn!"

„Okay!", riefen sie.

Alle drei wendeten ihre Pferde, gaben ihnen kräftig Schenkeldruck und preschten davon in Richtung Stadt. Michael blickte ihnen traurig nach und stieß klagende Eselslaute aus.

„Und was ist jetzt mit meinem Bruder?", rief Ralf ihnen nach.

„Strafe muss sein!", gab Bibi über die Schulter zurück. „Aber keine Panik! Die Hexerei hält nicht lange!"

Auf dem Weg in die Nachbarstadt mussten sie natürlich an der Ruine Rotenburg und somit auch an dem Eingang zur Höhle vorbeireiten, in der Holger und Clara Hutmacher festsaßen. Sollte die Rettung für die beiden nahen?

„Tempo, Leute!", drängte Bibi.

„Dort vorn ist schon die Höhle!", rief Alex. „Jetzt ist es nicht mehr weit nach Rotenbrunn."

„Hier ist ja alles nass geregnet!", stellte Tina verwundert fest.

„Das war wohl ein Sommergewitter", meinte Bibi. „Schnell und kurz."

„He! Seht mal da drüben!" Tina deutete neben den Eingang der Höhle. „Da steht ein Auto!"

„Und kein Mensch in der Nähe", sagte Alex.

„Aber ein Pferd!", rief Bibi. „Es sieht aus wie … Natürlich! Das ist Pascal!"

Als Holgers Hengst seinen Namen hörte, warf er den Kopf in den Nacken und stieß ein lautes Wiehern aus.

Jetzt hatte ihn auch Tina gesehen. Wie auf Kommando parierten die drei Reiter sogleich ihre Pferde durch, brachten sie neben Pascal zum Stehen und stiegen ab.

Bibi trat auf den Hengst zu und strich ihm zärtlich über die Nase. „Pascal, mein Süßer, was machst du denn hier am Höhleneingang?"

Alex blickte sich um. „Und wo ist Holger?"

„Vielleicht in der Höhle. Als Schutz vor dem Gewitter." Bibi machte ein paar Schritte und rief in die Höhle: „Holger!!!"

Tina eilte zu ihr. „Hol-ger!"

Doch keine Antwort ertönte.

„Fehlanzeige", stellte Alex enttäuscht fest.

Bibi schüttelte den Kopf. „Nein, er ist garantiert hier drin."

Tina blickte sie erstaunt an. „Wie kommst du denn darauf?"

„Weil hier alles voller Efeu ist. Deswegen

265

konnte mein Wuschel Holger nicht finden. Efeu schirmt Hexerei ab."

„Dann müssen wir jetzt da rein", beschloss Tina.

Bibi nickte. „Und zwar schnell."

„Aber wer passt auf die Pferde auf?", fragte Tina.

„Ich mach das", bot sich Alex sofort an. „Geht nur!"

Als Bibi und Tina in die Höhle gingen, stellten sie fest, dass sie aus einem Labyrinth von Gängen bestand. Vorsichtig einen Fuß vor den anderen setzend, suchten sie die unwegsamen Gänge ab. Dabei riefen sie Holgers Namen.

„Hooolger!"

„Hörst du uns?!"

„Wo ist er nur, Bibi?!" Tina bekam richtig Angst um ihren Bruder.

„Hooolger! Hooolger!" – „Hooolger! Saaag was!", riefen die Mädchen abwechselnd.

„Da vorn geht es noch einmal um die Ecke", stellte Bibi fest.

266

„Was ist, wenn wir ihn nicht finden?", fragte Tina bedrückt.

„Tina! Wenn er hier ist, finden wir ihn." Sie bogen um die Ecke, wo sich ein weiterer Gang auftat.

„Holger!", rief Tina. „Bist du hier?!"

„Hier!", kam von irgendwo leise eine Antwort.

Tina blieb stehen und lauschte. „Was war das?"

„Es hat sich wie ein Echo angehört", meinte Bibi.

„Psst! Sei mal still."

„Ich … bin … hiiier!", ertönte es von fern.

„Das ist kein Echo!" Tina lachte befreit auf. „Das ist Holgers Stimme!"

„Stimmt." Bibi deutete auf einen Seitengang. „Und sie kommt von da drüben."

„Los, nichts wie hin!"

So schnell es ging, eilten sie über den steinigen Boden, bis Holgers Rufe immer lauter und deutlicher wurden und ihnen den Weg wiesen.

„Da lang, Bibi!", keuchte Tina.

267

„Passt auf!" Holgers Stimme war jetzt schon ganz nahe. „Der Eingang zur Höhle ist verschüttet!"

Schließlich standen sie vor einer Wand aus Steinen. Tina entdeckte ganz oben einen schmalen Spalt, stellte sich auf die Zehenspitzen und blickte hindurch. „Holger!"

Auf der anderen Seite der Wand erschien Holgers Gesicht. „Hallo, Tina!"

„Ein Glück!" Tina seufzte erleichtert auf.

„Ich hab mich selten so gefreut, dich zu sehen, Schwesterherz!"

„Frechheit!", lachte Tina.

„Was ist hier passiert?", wollte Bibi wissen.

„Ich habe eine Lawine ausgelöst", erklärte Holger, „und nun ist der Zugang versperrt."

„Auweia!", sagte Tina. „Was machen wir jetzt bloß?"

„Bibi, kannst du die Steine nicht weghexen?", fragte Holger.

„Hm ..." Bibi überlegte kurz. „Das wird ganz schön schwierig."

Tina blickte sie erstaunt an. „Wieso das?"

268

„Na ja, wenn ich mich verhexe, stürzt hier alles zusammen", gab Bibi zu bedenken.

„Wir haben leider keine andere Wahl", sagte Holger.

„Also gut. Ich versuch's." Bibi dachte nach: „Wie war das noch … Ah! Ich hab's! *Eene meene Rosenduft, Steine schweben in der Luft! Hex-hex!*"

Es klappte! Sprühende Funken und blitzende Sternchen erhellten das Innere der Höhle, das „Hex-Plingpling" warf sein Echo an die Wände, und von Hexkraft bewegt begannen die Steine unter die Decke zu schweben.

„Oh! Unglaublich!", rief eine den Mädchen unbekannte Frauenstimme auf der anderen Seite. Dazu ertönte lautes Bellen.

„Huch!", staunte Bibi. „Du hast ja noch Mitgefangene. Wie kommt denn das?"

„Das erzähle ich euch draußen."

„Na, dann nix wie los!", kommandierte Bibi.

Holger, Clara Hutmacher und die kleine Suzy schlüpften schnell unter den schwebenden Steinen hindurch, und alle eilten zurück

270

zum Ausgang. Alex schaute verblüfft, als Bibi und Tina nicht nur Holger, sondern auch Frau Hutmacher mit ihrem Hündchen Suzy aus der Höhle brachten.

Mit Alex' Hilfe wechselte Holger das Rad mit dem platten Reifen an Clara Hutmachers Wagen, anschließend machte sich die ganze Gruppe auf den Weg zum Martinshof. Frau Martin staunte nicht schlecht, als plötzlich der Hof voller Menschen und einem Hund war. Holger machte Frau Hutmacher mit seiner Mutter bekannt, und dann ließ die sich die ganze Geschichte erzählen …

Ein unverhofftes Geschenk

„Kinder!" Frau Martin stieß einen Seufzer der Erleichterung aus. „Mir fällt gleich eine ganze Steinlawine vom Herzen."

„Bitte nicht!", wehrte Holger lachend ab. „Von Lawinen habe ich heute genug."

„Oh ja! Ich auch!", sagte Clara Hutmacher, die alte Dame. Als wäre sie derselben Meinung, bellte Suzy laut und kräftig.

„Na, dann rein in die gute Stube!", rief Frau Martin. „Es gibt Butterkuchen!"

„Oh!" – „Juhu!" – „Lecker!" – „Prima!" Bibi und Tina, Holger und Alexander waren begeistert.

„Moment", unterbrach Frau Hutmacher, bevor alle in die Martinshofküche stürmten.

„Ich habe noch etwas im Kofferraum. Das würde ich gern loswerden."

„Loswerden?", fragte Bibi. „An wen?"

„Na ja", meinte Frau Hutmacher, „eigentlich war es als Geschenk für meine beiden Enkel gedacht, aber …"

Sie ging zu ihrem Auto und öffnete den Kofferraum.

„Aber was?", fragte Tina.

„Aber jetzt ist es ein Dankeschön für meine Rettung. Helft mir mal beim Rausnehmen, Bibi, Tina. Die Dinger sind schwer."

Die Mädchen traten näher. Als sie den Inhalt des Kofferraums sahen, machten sie große Augen.

„Wow! Zwei Springsättel!", staunten sie.

„Die sind für euch", sagte Clara Hutmacher.

Bibi riss die Augen auf. „Was? Echt?"

„Ja, echt! Ohne deine Hexerei säße ich schließlich immer noch in einer dunklen Höhle, Bibi!"

Holger trat neugierig näher. „Die Sättel kommen mir so bekannt vor", meinte er.

273

„Ich habe sie in Rotenbrunn von einem net-
ten fahrenden Händler gekauft", erklärte Frau
Hutmacher.

„Trödel-Hannes!", riefen Bibi und Tina.

„Ja, so hieß er", sagte Frau Hutmacher.
„Ich habe sie Ihnen wohl vor der Nase weg-
geschnappt, Holger?" Holger nickte.

„Diese Sättel wolltest du uns besorgen?",
fragte Tina verblüfft ihren Bruder.

„Und deswegen hast du Trödel-Hannes
gesucht", vermutete Bibi.

„So ist es." Holger grinste vergnügt. „Gut
kombiniert."

„Na, dann kommt ja alles, wie es kommen
sollte", meinte Frau Hutmacher zufrieden.

„Und was schenken Sie Ihren Enkeln?",
wollte Frau Martin wissen.

„Die haben doch schon Springsättel", antwortete Frau Hutmacher. „Die bekommen
stattdessen eine Standpauke!"

„Na, da werden sie sich ja freuen." Frau
Martin musste lachen. „Aber jetzt zu Tisch, ihr
Lieben!"

275

Nach dem Kuchenessen – es blieb wie immer kein Krümel übrig – ging es hinaus auf den Paddock. Glücklich legten Bibi und Tina ihren Pferden die neuen Springsättel auf. Jetzt gelangen ihnen die Sprünge über Mauer, Rick und Graben gleich viel besser. Natürlich schauten Frau Martin, Frau Hutmacher und Alex zu und sparten nicht mit anerkennenden Worten.

Holger trainierte die beiden bis spät in den Abend. Dann fielen alle müde, aber glücklich ins Bett. Es war ja auch ein anstrengender Tag gewesen.

Clara Hutmacher blieb über Nacht auf dem Martinshof. Sie hatte Frau Martins Angebot, im Gästezimmer zu übernachten, dankend angenommen. Ihre Enkel wollte sie lieber erst am nächsten Tag sehen.

Das große Teamspringen

Auf dem Turnierplatz von Falkenstein befand sich die Stimmung auf dem Höhepunkt. Bibi und Tina waren als letztes Team an der Reihe, vor ihnen war das Hutmacher-Team dran. Ralf hatte den Parcours bereits souverän gemeistert, und jetzt nahm Michael gerade die letzte Hürde ... Geschafft!

Von den ausverkauften Rängen ertönte Applaus.

„Ebenfalls null Fehlerpunkte und eine Spitzenzeit", verkündete der Ansager über die Lautsprecher. „Applaus für Michael Hutmacher auf Testarossa! Das Hutmacher-Team setzt sich damit in der Gesamtwertung auf Platz eins!"

Michael ließ seinen Hengst austraben und lenkte ihn zum Stallgebäude, vor dem Ralf auf ihn wartete. „Na, Bruderherz, wie war ich?", fragte er stolz.

Ralf hob den gestreckten Daumen in die Höhe. „Top! Wie immer!"

„Ja, das oberste Treppchen ist mal wieder unser", verkündete Michael überheblich.

„Hoffentlich", meinte Ralf. „Nicht dass sich da jemand anderes hinhext."

„Quatsch!", sagte Michael verächtlich. „Das trauen die sich gar nicht."

„Und nun das letzte Team", kam es in diesem Moment über die Lautsprecher. „Tina Martin auf Amadeus und Bibi Blocksberg auf Sabrina!"

„Ein bisschen Bammel habe ich schon", räumte Ralf ein.

Michael lachte. „Ja, Bammel um die Hindernisse, die die beiden einreißen!"

„Ich wäre da nicht so vorlaut!", ertönte hinter ihnen eine weibliche Stimme. Die beiden drehten sich verdutzt um.

278

„Oma! Da bist du ja!", rief Michael erfreut. „Hast du uns reiten gesehen?"

„Natürlich." Clara Hutmacher nickte. „Und reden gehört."

„Wie meinst du das?", fragte Ralf ein wenig verlegen.

„Nun, ich habe meine Gegner immer ernst genommen. Und fair war ich auch."

„Genau wie wir!", behauptete Michael.

„So, so!", sagte Clara Hutmacher gedehnt. „Dann erinnert euch mal daran, was ihr mit dem Trainer der anderen gemacht habt."

Michael bekam rote Ohren. „Aber … woher weißt du …"

„Ich weiß so einiges", antwortete ihre Großmutter. „Merkt euch: Ein falsches Spiel geht immer nach hinten los."

Ralf runzelte die Stirn. „Was willst du damit sagen?"

„Nun, eure liebe Oma drückt jetzt die Daumen für die ‚Stallmädchen'."

„Nein!", riefen Michael und Ralf entgeistert. „Sag, dass das nicht wahr ist!"

„Oh doch!" Clara Hutmacher schmunzelte vergnügt. „Und ihr beide entschuldigt euch nachher bei Bibi, Tina und Holger", fügte sie streng hinzu.

Die beiden blickten einander zerknirscht an. Solche Worte, solch einen strengen Ton waren sie von ihrer Oma nicht gewohnt. Hoffentlich drückte sie ihre Daumen nicht gar zu fest …

Tina hatte in der Zwischenzeit einen Null-Fehler-Ritt hingelegt, aber jetzt ritten Bibi und Sabrina auf die schwere Mauer-Wassergraben-Kombination zu. Es war der letzte, alles entscheidende Sprung!

Bibi kraulte Sabrina zwischen den Ohren und sprach beruhigend auf die Schimmelstute ein: „Noch einmal Konzentration, meine Süße!" Sabrina schnaubte leise. „Langsam anreiten …" Bibi gab kräftigen Schenkeldruck. „Und jetzt … Spring, Sabrina! … Und noch mal! …. Jaaa! Geschafft!!!"

„Ein Meistersprung!", verkündete die Stimme aus den Lautsprechern. „Und durchs Ziel in der Topzeit des Tages!"

281

Tosender Applaus brandete auf, lauter und kräftiger als bei allen Springern und Springerinnen zuvor.

„Das Siegerteam steht damit fest", ließ die Turnierleitung verkünden. „Bibi und Tina auf Amadeus und Sabrina!"

Die beiden Freundinnen strahlten um die Wette.

„Gewonnen, Bibi!" Tina konnte es noch gar nicht fassen, und Bibi nickte nur – sprachlos vor Glück.

In diesem Moment kamen auch schon Frau Martin, Clara Hutmacher und Alex herbeigeeilt, um zu gratulieren.

„Bravo!", riefen sie. „Top!" – „Spitze!"

„Das war echt klasse, ihr beiden!", lobte Holger.

„Wir hatten ja auch einen klasse Trainer!", erwiderte Tina das Lob.

„Und klasse Springsättel!", fügte Bibi hinzu.

Und noch jemand gesellte sich jetzt zu der Gruppe: die Brüder Hutmacher.

„Hey, Bibi und Tina!", rief Michael ihnen zu.

282

„Michael und Ralf?", staunte Bibi. „Was wollt ihr denn noch hier?"

„Ähm ... gratulieren", sagte Michael.

Bibi und Tina schauten die beiden verblüfft an. „Echt?"

„Ja, und wir wollten uns entschuldigen", sagte Ralf. „Ihr seid keine Stallmädchen, sondern ... echte Supergegner!"

„Hört, hört!", meinte Oma Hutmacher amüsiert. „Und was ist mit Holger?"

„Sorry, Trainer", wandte Michael sich an Tinas Bruder. „Das war unfair von uns."

„Dass ihr Zweite geworden seid?", feixte Holger. „Nö, das finde ich echt fair."

„Ja, stimmt!" Clara Hutmacher lachte. „Und nur gerecht."

„Schon gut", sagte Ralf. „Wir haben es verstanden, Oma."

„Schön", freute sich Frau Hutmacher. „Dann kann ich ja im nächsten Jahr vielleicht zwei Teams die Daumen drücken."

„Auf jeden Fall!", betonte Michael. „Wir fordern eine faire Revanche."

„Die könnt ihr jetzt schon haben", sagte Bibi gut gelaunt.

„Genau!", rief Tina. „Ein Wettreiten zum Martinshof! Habt ihr Lust?!"

Michael und Ralf tauschten einen kurzen Blick, dann nickten sie begeistert. „Geht klar!"

Und los ging die wilde Jagd … vom Turnierplatz hinaus aus der Stadt, über Wiesen und Felder, durch den Falkensteiner Forst bis zum Tor des Martinshofs.

Das Wettreiten gewannen Bibi und Tina allerdings ebenso. Sie waren an diesem Tag einfach unschlagbar. Aber Michael und Ralf verkrafteten auch ihre zweite Niederlage, und zur Versöhnung wurden alle von Frau Martin zu Butterkuchen und Kakao in den Obstgarten des Martinshofs eingeladen.

Und für die Pferde gab es zur Feier des Tages eine Extraportion Äpfel und Möhren!

Bibi & Tina

Spannende Hörbücher und pferdestarke Hörspiele

Auch als Download erhältlich!

www.kiddinx-shop.de

Hörproben findest du im Kanal Bibi&Tina TV